全球系统重要性金融机构的监管协调机制研究

QUANQIU XITONG ZHONGYAOXING
JINRONG JIGOU DE
JIANGUAN XIETIAO JIZHI YANJIU

胡玉婷 ◎ 著

中国金融出版社

责任编辑：王雪珂　赵　哲
责任校对：李俊英
责任印制：丁淮宾

图书在版编目（CIP）数据

全球系统重要性金融机构的监管协调机制研究/胡玉婷著. —北京：中国金融出版社，2023.4

ISBN 978 – 7 – 5220 – 1840 – 9

Ⅰ.①全… Ⅱ.①胡… Ⅲ.①国际清算银行—规则—研究 Ⅳ.①F831.2

中国版本图书馆 CIP 数据核字（2022）第 221126 号

全球系统重要性金融机构的监管协调机制研究
QUANQIU XITONG ZHONGYAOXING JINRONG JIGOU DE JIANGUAN XIE-
TIAO JIZHI YANJIU

出版
发行　中国金融出版社

社址　北京市丰台区益泽路 2 号
市场开发部　（010）66024766，63805472，63439533（传真）
网 上 书 店　www. cfph. cn
　　　　　　（010）66024766，63372837（传真）
读者服务部　（010）66070833，62568380
邮编　100071
经销　新华书店
印刷　北京九州迅驰传媒文化有限公司
尺寸　169 毫米×239 毫米
印张　13
字数　188 千
版次　2023 年 4 月第 1 版
印次　2023 年 4 月第 1 次印刷
定价　56.00 元
ISBN 978 – 7 – 5220 – 1840 – 9
如出现印装错误本社负责调换　联系电话（010）63263947

前　言

利益法学的创始人赫克（Philipp Heck）曾言："法起源于对立利益的冲突，法的最高任务是平衡利益。"在金融监管层面上，各国往往实施利于本国金融发展的监管规则与标准，所产生的监管差异使全球经营的金融机构找到了套利的机会。时代的发展使得"硬"法思维无法阐释多样化的社会现象，其限制了法律规则的灵活调整。作为国际金融软法的典范，巴塞尔规则受到了众多国家和地区的承认与实施，在事实上发挥着有效的"柔"性协调作用。21世纪初席卷而来的金融风暴促使全球金融界携手重建金融监管架构，其中对全球系统重要性金融机构的严格监管，是这轮国际金融监管改革中的重要举措。那么，各国在巴塞尔规则的指引下，应该针对全球系统重要性金融机构形成怎样的监管协调机制？这是一道求解的大命题。G-SIFIs金融监管协调机制的施行需要法律的作用贯穿于其中。在各方相互沟通、支持和配合的努力下，对全球系统重要性金融机构进行定期的识别和严格的监管。

一、基本的理念

法律是一根线，通过实施过程中的透明与公平，串起了各自为政的主权国家，也串起了各自为营的全球系统重要性金融机构。《吕氏春秋》有曰："故治国无法则乱，守法而弗度则悖"。现代金融为法治金融是应有之义。客观的现实必然需求监管的前瞻性和协调的一致性，才能弥补立法的滞后性。针对全球系统重要性金融机构的监管协调机制应该是依法施行的一种机制。对其深层内涵的正确理解，以及对内含其中的安全与效率的合理权衡，是进行后续研究的理论基础。

本书第一章依次对全球系统重要性金融机构、监管、协调和机制从字面或从学理角度进行了释义，然后对 G–SIFIs 监管协调机制这个组合词进行了深层解析，并且对其应有内涵提出了个人见解。在金融监管实践中，巴塞尔委员会所推行的监管理念，原则、标准和方法，包括非成员方在内的国家，以立法的形式转化并运用于监管实践之中。其有效推动了各国监管当局的相互交流，为全球银行业提供了一套优化盈利能力和弱化经营风险的最佳指引。毫无疑问，巴塞尔规则是软法在国际金融领域的典范，在全球范围内已经形成普遍遵守的局面。从某种程度上而言，它体现了维护金融安全和确保运营效率的价值取向，成为协调全球银行业监管规则的重要指引。巴塞尔规则在实施过程中可以弥补"硬"法的滞后与固化，并在其持续的"软"协调过程中，推动着 G–SIFIs 监管协调新机制的形成。

第二章介绍了产生于 20 世纪 90 年代中期的"风险为本"的监管理念及其对一国金融监管模式的变化所产生的影响。该理念为金融业监管提供了一个全新的视角。其独特之处在于找到了监管的"核心"所在，即对风险进行识别、衡量和防控，从而将有限的监管资源用于风险暴露最突出的区域。在该理念的影响下，本章从风险防范角度对金融安全观进行了阐释，指出内含于 G–SIFIs 监管协调机制中的安全，应该是指各国通过加强相互间的协调与合作，确保全球金融体系中的诸要素不被破坏，能够共同关注金融风险的潜在威胁，同步提高应对全球金融危机的能力，实现全球金融体系的安全与稳定。

理想的 G–SIFIs 监管协调机制应该是在"风险为本"的理念影响下，对金融安全与效率的双重兼顾，而不是孰重孰轻的一种选择。在前述监管理念研究的基础上，第二章指出一国监管当局有必要尽量对 G–

SIFIs 用较小的监管成本付出，在提高其经济效益的同时，获得较高的收益回报，这才是一种有效果的监管协调机制设计。

二、规则的调整

作为最具权威和影响力的组织，巴塞尔委员会发布了一系列关于银行业监管规则与标准的文件，有效运用其"柔性权力"来弥补"软"法在法律约束力方面的欠缺。通过各方的共议、共识与共用，巴塞尔规则得到了更趋于一致的实施，减少了跨境监管套利行为的发生。本书第三章研究了 G - SIFIs 监管协调机制的主线，即巴塞尔规则。该章主要对资本监管规则、杠杆率规则以及流动性监管规则指出了实施和调整的路径。

（一）同步的调整

巴塞尔规则的"软"法性质从实质上影响了各国对银行业监管规则的制定和调整。目前，资本监管规则得到众多国家普通遵循的主要原因在于它的灵活性，即允许成员方根据自身的银行业发展现状来制定和调整相关规则。研究表明，资本监管要求并非越严越好，资本充足指标也不是越高越好。一国监管当局应该结合本国银行业的实际状况"对症用药"。巴塞尔规则的"软"法性质从实质上影响了各国对银行业监管规则的制定和调整。资本监管规则得到众多国家普通遵循的主要原因在于它的实施过渡安排，即允许成员方根据自身的银行业发展现状来制定和调整相关规则。当然，这种规则实施安排，将导致一国监管当局为了本国利益而制定监管成本较小的规则，难以避免的导致银行的跨境监管套利行为。2012 年，巴塞尔委员会采纳了规则一致性评估项目，对成员方的资本监管规则的一致性和全面性进行定期的评估，这促进了成员方在规则实施进度上的同步。显然，各国监管当局应该依据银行业发展现状，尽可能在实施过渡期内对差异性的规则进行同步的调整，在国际接轨和自我保护之间寻求有效监管的平衡。

（二）动态的调整

流动性风险应该是监管当局最难预测和防范的风险之一，当银行的储备资产难以满足一时的流动性需求时，就可能导致流动性危机。然而，流动性风险的动态变化增加了有效监测和控制的难度，导致难以形成全球统一的流动性监管规则与标准。2008 年国际金融危机之后，巴塞尔委员会致力于流动性监管规则的制定，以解决全球银行业因流动性风险所引致的新问题。那么，其所推行的标准是否确实有效呢？事实上，至今尚没有能够全面且准确评估流动性风险的统一标准。全球银行业流动性的不可预测的波动及其所产生的后果，使得对 2010 版巴Ⅲ中流动性监管规则适当性的重新考量成为一种必要。因此，一国监管当局有必要及时收集和分析各项与流动性风险相关的数据，对金融市场的流动性风险状况进行持续的监测与评估，并在此基础上对相关规则进行动态的调整，从而有助于形成有效的流动性风险防范机制。

（三）弹性的调整

从经济学角度来看，杠杆率基本上是具有弹性的。研究表明，大型跨境金融机构容易因高杠杆运营而产生偿付能力风险。任何偏严的杠杆率监管势必会增加单个银行的运营成本，而同一的杠杆率标准会导致处于不同风险状况下的银行在金融市场上处于不公平竞争的境地。我国结合银行业改革发展实际，稳妥推进巴塞尔规则在中国的实施，因此出台了《商业银行杠杆率管理办法》。根据相关规则，我国将杠杆率的最低标准确定为4%，采取了与 2010 版巴Ⅲ基本一致的规定。一国监管当局应该以系统重要性为依据进行差异的规则实施，对风险暴露程度不同的银行提出不同的杠杆率监管要求。另外，监管当局有必要依据相关规定对金融机构的杠杆率情况进行持续评估。在风险可控的前提下，监管当局可以根据不同的经济周期发展变化进行弹性的杠杆率调整，确保银行在经济周期的不同阶段都能够稳健运营。

三、协调的机制

事实上，金融变化要比法律变化快。显然，只有充分发挥法律的协调功能，才能让各国的金融监管目标和监管手段更加有效，令金融机构的全球运营受到监管规则的有效约束。协调不是完全的"调和"和"趋同"，而是指在差异中存在的变化方向的一致性。长期以来，金融监管更多地侧重于微观监管，即针对单个金融机构的风险监管，防止它们因为经营不慎或严重违规而倒闭。但是，个体的理性并不必然导致集体的理性。本书第三章对宏观审慎监管理念下的欧美的机构重塑进行了相应研究，指出一国监管当局有必要从全球系统重要性金融机构之间相互关联的角度，从整体上评估金融体系的风险并注重宏观审慎监管与微观审慎监管的协调。

现代金融体系如同一张网络，全球系统重要性金融机构会因市场集中度的提高而成为整个网络的"关键节点"，一旦出现问题往往引起全球金融市场的剧烈震荡。本书从金融机构的层面探讨了内部控制与外部监管的协调问题。在外部监管方面，第四章从风险预防机制和危机处置机制两个角度进行了分析，指出要通过定期的风险评估和识别来对全球系统重要性金融机构进行定位监管。巴塞尔委员会认为强化监管的目标主要有两个：一是通过提高全球系统重要性银行的损失吸收能力来降低其倒闭的可能性；二是通过改善恢复和处置机制来降低其倒闭造成的外部冲击。本书第五章直面全球化拓展中的中国银行，研究该银行在公司治理机制方面的完善。该行已经创造性地提出并实施"大风险"管理模式，形成了较完整的风险管理模式。按照"全程规范化"的要求，该行着力构筑内部控制三道防线体系。其严格遵循我国监管当局发布的相关规则，注重提高系统性风险的防范能力。

作为当前国际金融改革的一个重要组成部分，对 G－SIFIs 的定位监管是强化宏观审慎监管的重要维度之一。在依存性日益增强的全球经济中，G－SIFIs 监管规则的制定、实施及调整过程就好似一局博弈。有效的 G－SIFIs 监管协调机制的形成是一个高度复杂的过程。它需要在信息共享的前提之下，以巴塞尔规则为指引进行定期的风险评估和机构调整。在对全球系统重要性金融机构进行重点防范的过程中，一国监管当局有必要注重微观审慎监管和宏观审慎监管的协调，外部金融监管与机构内部控制的协调，才能以风险为本实现金融安全与效率的双重兼顾。

目　　录

第一章　概念的分解

　　一般意义上的协调思想，自古有之。[①] 金融危机的重演显现出协调在全球金融监管中的重要性。从某种角度而言，协调不仅是一种解决争议的常用手段，也是这种手段本身所要达到的目标。全球系统重要性金融机构监管协调机制是一个叠加的组合概念，其中全球系统重要性金融机构一词始于 2008 年国际金融危机后。对于"监管"、"协调"和"机制"这三个分概念，它们虽然不是新名词，但人们在理解上仍有各自不同的见解，需要进行深入阐释和清晰界定，才能合理把握这个组合词的深层内涵。通过 G – SIFIs、监管、协调和机制各分概念的叠加所形成的组合词，凸显出以全球系统重要性金融机构为监管目标，建立相互支持、配合和沟通的跨境监管协调机制的法治需求。

第一节　全球系统重要性金融机构的界定

　　全球系统重要性金融机构是金融市场安全的"稳定器"，其经营行为已经不仅关系到自身的发展和存续，更影响到整个金融系统的稳定。各国对全球系统重要性金融机构的强化监管，是有效防范系统性风险的主要举措。

---

　　① 　如儒家思想强调道德对人际关系的协调作用；中国古代的"天人合一"的思想，强调人的行为与自然的协调，等等。见张守文著：《论经济法上的"协调"思想——"国家协调论"的启示》，选自《"国家协调论"与"经济法学"杨紫烜教授从教五十周年暨学术思想研究文集》，北京大学出版社 2010 年版，第 132 页。

一、系统性金融风险

1964 年，美国斯坦福大学的威廉·夏普界定了微观意义上的系统性风险（Systematic risk），即证券市场中不能通过分散投资加以消除的风险，也称不可分散风险。20 世纪 70 年代，国际清算银行就关注了系统性风险，指出仅加强单个金融机构的监管不足以维护金融稳定，应该防范整个金融体系的风险。传统的观点强调系统性危机始于单个金融机构倒闭。个别偶发事件的发生会触发某家金融机构出现偿付危机，进而波及给其他金融机构。美国次贷危机则展示了导致系统性危机的另一种情形，即当风险累积到达一定的临界值时，某些如一家金融机构的倒闭、突然从紧的货币政策或财政政策等突发事件，会成为系统性风险的导火索。

系统性金融风险往往有较长的累积过程和"潜伏期"，它可以在较长时期内积累而不对金融体系产生明显影响，但会在经历较长的风险累积后突然爆发，迅速导致全球金融体系出现灾难性的金融海啸。2008 年 9 月 15 日，曾经叱咤全球金融市场的雷曼兄弟申请破产保护，当天美国道琼斯指数创下单日最大跌幅。当时，美国财政部部长鲍尔森表态不会对市场进行直接干预，从而导致雷曼兄弟这一经营 158 年之久的老牌投资银行破产。见此情形，其他金融机构为减少损失而抢着抛售资产，加剧了全球金融市场的波动。为了扭转急剧恶化的形势，美国政府对美国国际集团（AIG）进行了紧急救助，原因在于它是众多机构的交易对手，其破产将会导致更多机构破产。

在国际上，通常从"危害范围的大小"、"风险传染的强弱"以及"对实体经济影响的大小"三个标准来综合评判某种金融风险是否构成系统性金融风险。为了防范系统性风险的爆发，达成的共识就是对全球系统性金融危机执行更加严格的监管标准，要求此类机构具备更高损失吸收能力。2009 年 4 月，二十国集团（G20）宣布正式将 1999 年的金融稳定论坛升格为更具执行力的金融稳定理事会（FSB），专门致力于识别、防范和应对金融系统性风险。同时，国际货币基金组织（IMF）在各国的要求下，加强了对系统性风险隐患的分析，并且指出了经济和金融之间存在的系统关联性。同时，金融稳定委员会认为要将金融监管的范围扩大到具有系统重要性的金融机构、工具和市场，要求监管者从系统性风险的角度，通过更加详细的监管规则加强对金融机构的监管。2009 年 10 月，由国际货币基金组织、金融稳定理事会和国际清算银行向 G20 提交了针对全球系统风险防范措施的报告，系统性金融风险被定义为由全部或部分受损的金融体系造成的，有可能对实体经济产生严重的负面影响的，让金融服务流程受损或破坏的风险。欧洲央行指出系统性金融风险具有的特征是金融不稳定大范围发生，危及金融体系的运行，以至于经济增长和福利将遭受巨大损失。显然，2008 年金融危机中凸显出的"大而不能倒"问题，令系统性金融风险问题受到前所未有的关注。为了防范系统性风险的爆发，达成的共识就是对全球系统性金融机构执行更加严格的监管标准，要求此类机构具备更高的损失吸收能力。

2010 年 7 月 21 日，美国经过一年多修正的金融监管改革法案——《多德·弗兰克华尔街改革和消费者金融保护法案》（以下简称《多德—弗兰克法案》）得以正式签署。该法案建立由 9 家金融监管机构组成的金融稳定监管委员会（FSOC），其职责是识别和防范系统性风险。其建立了新的系统性风险监管框架，将所有具有系统重要性的银行和非银行金融机构纳入美联储的监管之下，降低"大而不能倒"问题对金融系统稳定性的威胁。FSOC 可以对被视为具有系统重要性的银行（当时资产规模超过 500 亿美元的银行）进行特别审查。

我国在防范化解重大金融风险时，一方面要果断处置当前显现的单体金融风险，另一方面更要重视防范潜在的系统性金融风险。2021 年 12 月 31 日，人民银行发布《宏观审慎政策指引（试行）》（以下简称《指引》），首次在官方层面上对系统性风险进行了界定。根据《指引》的规定，该风险是指可能对正常开展金融服务产生重大影响，进而对实体经济造成巨大负面冲击的金融风险。从机构维度来看，此类风险一般由特定机构或市场的不稳定引发，通过金融机构、金融市场、金融基础设施间的相互关联等途径扩散，表现为风险跨机构、跨部门、跨市场和跨境传染。对于系统性金融风险，有效的防范和化解对维护我国的金融稳定和促进经济健康发展具有重要意义。

二、全球系统重要性金融机构（G－SIFIs）

金融机构的"大而不倒"问题，① 是一个早已熟知并期待破解的难题。2007 年至 2008 年初，美国雷曼公司的破产事件导致系统性金融风险在全球的迅速扩大和蔓延，众多大型金融机构陷入困境，其中美国五大投资银行全军覆没，这是一次政府对"大而不倒"的机构不救助而导致金融危机的现实描写。

G－SIFIs 往往涉及一些大而不能倒的系统重要性金融机构，所表现出的"不能倒"特征使政府难以从容应对。美联储前主席伯南克指出如果这场危机只有一个教训，那就是必须解决"大而不倒"的问题。从雷曼公司倒闭的影响来看，系统重要性金融机构不一定是在金融体系中居于绝对重要地位的机构，但它必定在特定的支付清算网络中处于核心和节点位置，一旦出现问题就会影响整个金融体系的正常运转。系统重要性金融机构的无序倒闭将对一国乃至全球的金融活动造成严重干扰。因此，作为系统性风险的防范核心所在，"系统重要性金融机构"的概念于金融危机之后进入人们的视野，加强对它们的监管成为全球金融监管改革的重点。

系统重要性金融机构有行业和区域之分。在行业上，可以区分为系统重要性银行和系统重要性保险公司等。在区域上，可以依据机构的跨境分布分为全球系统重要性金融机构和国内系统重要性金融机构。规模、

---

① 1975 年，美国《商业周刊》最早使用"大而不倒"来描述美国政府对铁路公司、克莱斯勒公司等大型非银行企业实施的救助政策；1984 年，美国拯救大陆伊利诺伊州银行案，标志着金融市场中的"大而不倒"原则从学术文献转移到了金融实践。

复杂度、关联性和可替代性是区分它们的主要标准。由于部分大型金融机构的经营活动覆盖多个国家和地区，它们在全球金融体系中具有更重要的地位和意义，一旦陷入困境或倒闭将会导致严重混乱局面，必须对它们执行更加严格的监管标准。FSB 注重从区域上来划分系统重要性金融机构。2010 年 11 月，它发布了《强化系统重要性金融机构监管强度和有效性》的报告，其中要求各国应以巴塞尔核心原则为依据，完善系统重要性机构的监管职责，进一步明确职责分工。各国应该提高监管的独立性，合理配置监管资源并改进监管技术，加强金融集团和金融控股公司的监管。

全球系统重要性金融机构是国际金融体系的重要组成部分，在推动金融业高质量发展和维护金融稳定方面起着重要作用。根据 FSB 的定义，全球系统重要性金融机构是指那些具有一定规模、市场重要性和全球关联性，一旦陷入困境或破产将会对全球金融体系造成严重紊乱并对全球经济产生不利后果的金融机构。根据巴塞尔委员会（BCBS）的定义，G－SIFIs 是指在金融市场中承担了关键功能，具有重要影响作用的金融机构。这些机构一旦发生重大风险事件或经营失败，会对全球经济和金融体系带来系统性风险。在界定全球系统性金融机构时，必须考虑金融机构的国际活跃范围和活跃程度。从 FSB 和 BCBS 的定义来看，全球系统重要性金融机构是指那些在金融市场中承担了关键功能，具有全球性特征的金融机构。它们一旦发生重大风险事件或经营失败，就可能成为金融危机爆发的导火索，导致全球金融体系的混乱，将对众多国家的经济发展产生不利的作用。

"大而不倒"其实也是"太复杂而不能倒"（too complex to fail）、"太系统而不能倒"（too systemic to fail）和"太关联而不能倒"（too interconnected to fail）。大型金融机构的倒闭无异于向金融市场中投掷了一枚重磅炸弹，使恐慌迅速扩散到全球金融体系。很多大型金融机构都担心自己会成为下一块"多米诺骨牌"，存款人和投资者担心资金难以迅速收回。随后在金融市场中发生的短期抛售和挤兑，导致了金融机构的破产浪潮，从而引发全球金融危机。在金融全球化的背景下，由于大型金融机构相互间的资产负债表紧密关联，任何一方的破产都可会导致资金链条的断裂，进而引发系统性金融危机。某些时候"大而不倒"有其合理性，政府对此类金融机构的救助可在一定程度上稳定市场信心，阻止个体风险传导至整个金融系统。但是，"大而不倒"原则也会被滥用，导致政府不仅没能在危机中力挽狂澜，反而扩大了金融机构的道德风险。二十国集团批准了 FSB 关于减少全球系统重要性金融机构引致的道德风险的报告，建议 G－SIFIs 具备更高的损失吸收能力、接受更严格的监管以及减少风险的蔓延。

为防范"大而不能倒"，我国接连出台了与系统重要性银行相关的政策。2018 年 11 月，我国正式发布了《关于完善系统重要性金融机构监管的指导意见》（银发〔2018〕301 号），这是按照"统筹监管系统重要性金融机构"的战略部署，立足我国金融行业监管实践所制定。《指导意见》明确了系统重要性金融机构的定义，其与 FSB 定义基本相同。此类机构是因为规模较大，结构和业务复杂度较高，它们与其他金融机构关联性较强，一旦发生重大风险事件而无法持续经营，可能引发系统性风险的金融机构。近年来，国内部分规模较大且复杂度较高的金融机构因关联度高而居于金融体系的核心。目前，我国有 5 家全球系统重要性金融机构，包括工商银行、农业银行、中国银行和建设银行四家银行。这迫切需要我国建立全球系统重要性金融机构监管协调机制，积极参与国际规则的制定，从而提升国际影响力。

2022 年 4 月 29 日，中国人民银行会同银保监会发布了《关于全球系统重要性银行发行总损失吸收能力非资本债券有关事项的通知》（以下简称《非资本债券的通知》）。这是在 2021 年 10 月 29 日人民银行会同银保监会、财政部发布的《全球系统重要性银行总损失吸收能力管理办法》（以下简称《管理办法》）之后出台的又一规范细则。目前，我国正按照国际通行规则来完善监管框架，需要建立相应的系统性风险监测的数据库，同时要不断更新评估数据和评估方法来减小风险评估的偏差。

在巴塞尔银行监管委员会成员国中，大部分国家已经建立了本国的系统重要性金融机构名单和监管办法，近期政策接连出台标志着我国 G - SI-FIs 管理逐步与国际接轨。

当今世界面临百年未有之大变局，新冠肺炎疫情全球大流行加速了世界格局的改变。其中，全球系统重要性金融机构在维护金融稳定中扮演着重要角色。从目前来看，一国并没有能够准确评估银行系统重要性的方法，同时不同国家所面临的经济发展状况有所差异。为了能够有效防范系统性金融风险，对 G - SIFIs 的监管则需要各方协调一致的相互配合。

第二节　刚柔并济的监管

在现代经济的运行中，凡是实行市场经济体制的国家，都客观地存在政府对金融机构的监督和管理。随着金融创新的不断涌现，伴随而至的是急剧增大的金融风险，通过监管当局来保证金融业的稳健运行是非常必要的。

一、金融监管的释义

所有监管本质上都是对市场不完全性的一种补充、完善和修正，金融监管也不例外。金融领域的"监管"一词对应于西方经济学和管理学文献中的 Regulation 或 Supervision，有学者将其译为"管制"、"规制"或"监督"。金融监管是金融监督和管理的复合称谓，是针对金融市场失灵以及金融风险急剧增加的情况而发展强化起来的。[①]《当代金融词典》里的金融监管是指对整个金融业的监督与管理。金融监督是指主管当局对金融机构实施的全面性、经常性的检查和督促，并以此促进金融机构依法稳健地经营和发展。金融管理是指金融主管当局依法对金融机构及其经营活动实施的领导、组织、协调和控制等一系列的活动。作为一种具有特定内涵和特

---

① 　郭红，孟昊主编：《金融市场》，东北财经大学出版社 2020 年版，第 261 页。

征的政府行为，只要是实行市场经济体制的国家，都存在着政府对金融体系的监管。

国内学者从自身的理解出发，对金融监管进行了相应阐释。刘锡良认为金融监管是一国政府根据经济金融体系稳定、有效运行的客观需要以及经济主体的共同利益要求，由金融主管机关依据法律准则和法规程序，对各金融主体和金融市场实行的检查、审核、组织和协调。① 郭田勇认为金融监管是一个国家（地区）的中央银行或其他金融监督管理当局，依据国家法律法规授权实施的监管管理。② 有学者认为金融监管是基于有关立法或规章而进行的金融监督（monitor）、检查（check）和管理（manage）。③ 根据监管主体的不同，祁敬宇对金融监管进行狭义和广义两种界定。④ 狭义是指金融监管当局依据国家法规、法律对整个金融业实施的监督管理。从广义上来看，除包括上述监管之外，金融监管还包括金融机构的内部控制与稽查和同业自律性组织的监管等。在金融监管实践中，多采用狭义的含义。

监管是一种政府行为，通过制定一系列法规条例，政府授权监管当局来实施相关规则，以规范金融活动参与者的行为。一般而言，金融监管是指金融监管当局依法运用行政权力对金融机构和金融活动实施规制和约束，促使其依法稳健运行的一系列行为的总称。这种金融监管权的行使是国家行政权力在金融领域的运用，具有强制性。金融监管的目的是控制金融业的整体风险，限制金融业的过度竞争，保护存款人、投资者和社会公众的利益，维护金融业的合法、稳健和高效运行。金融监管的必要性主要体现在两个方面，一是防范金融领域的风险。从金融的发展来看，金融在经济体系中的地位日益增强。随着金融创新的不断涌现，金融业务之间的界限被不断打破，金融发展日趋国际化，金融领域的风

① 刘锡良：《中央银行学》，中国金融出版社1997年版。
② 郭田勇：《金融监管学》，中国金融出版社2004年版，第13页。
③ 林俊国：《金融监管的国际合作机制》，社会科学文献出版社2007年版，第10页。
④ 祁敬宇：《金融监管学》，西安交通大学出版社2007年版，第53－54页。

险也在急剧增大；二是市场有其不完全性，这就需要政府或其他部门对市场参与者进行管理。所有监管本质上都是对市场不完全性的一种补充、完善和修正，金融监管也不例外。因此，通过监管来保证金融业的稳健运行是非常必要的。

在监管过程中，监管当局可以依法对金融机构实行常规的检查监督、定期或不定期的现场检查，以及对出现问题的金融机构进行稽核处罚。当然，如果一味发布严格的监管规则，而没有金融机构的积极响应，监管的效果必然是不佳和难以持久的。因此，需要监管当局与金融机构之间形成相互支持和配合的良性关系，促使金融机构对法规与条例的自觉遵守。

二、"硬"性监管的局限性

法治要求人们对法律的性质和来源有一种判断标准，即什么样的规则能够使人们服从？依据传统法要求，"硬法"就是在强制性义务的约束下，推行并要求相关主体进行完全的实施。其硬性特征体现于法定性、强制力和普适性等方面。[①] 如条约对缔约国具有约束力，被视为国际硬法。国际法功能主义学派认为，硬法的特征在于规则的稳定性和固定性、控制意图的拘束性、权威信号的明确性。多年以来，国际货币基金组织、世界银行和世界贸易组织，制定了一系列与金融有关的协议，成为具有约束力的国际金融"硬法"。然而，传统的"硬"法思维越来越不能很好地阐释国家在国际社会中所承担的义务和承诺。20世纪90年代以来，全球金融业的交易结构日趋复杂，金融机构的倒闭事件频频发生。在监管与逃避监管的游戏中，金融创新工具尤其是衍生工具被大量使用，使得全球金融市场存在巨大的风险性。面对突如其来的金融危机，一国往往会由于缺乏有效的监管规则而无法及时化解风险。纵观历次的金融危机爆发，主要是由于金融机构遭受巨额损失甚至倒闭造成的市场恐慌心理，加速金融危机的升级

---

① 魏庆坡：《"一带一路"建设中国企业境外投资环境责任制度研究》，对外经济贸易大学出版社2019年版，第78页。

和对实体经济的破坏。

市场演变要比法律变化快，通过实施"硬"性规则进行的金融监管难以与时俱进。我们必须清醒的认识到，金融安全是金融效率的基础，然而监管当局通过"硬"性规则的实施来确保金融安全，这样的做法可能会影响到金融效率。研究表明，除信息结构和信息能力的影响外，硬性的金融监管会导致一国金融效率和社会福利的损失，使金融监管无法实现帕累托效率。新古典经济学中使用的"效率"，是由意大利经济学家和社会学家帕累托（Pareto）给出的。他指出："对于某种资源的配置，如果不存在其他生产上可行的配置，使得该经济中的所有个人至少和他们初始时的情况一样良好，那么资源配置就是最优的"。帕累托使用的"最优"这个词，实际上就是对效率的一个定义。[①] 金融效率是经济效率在金融行业的具体体现。有学者基于金融协调论提出金融效率是"金融系统与经济系统以及内部子系统的协调度"。[②] 金融效率应该视为资源配置的效率。金融监管的根本出发点在于纠正市场失灵，促进金融效率的提高，但有时监管的结果却有损效率的实现。显然，金融发展作为一种投入产出的经济活动，也存在效率问题，最优的金融监管应该是能够在金融安全基础上实现金融效率的最大化。早期的监管当局多采用"硬"性的监管模式，即无论经济处于扩张期和繁荣期，还是处于衰退期和萧条期，监管当局始终按预先确定的存款准备金率、资本充足率和存款保险费率等标准来要求金融机构去遵循。理想的监管目标应该是寻求金融安全与金融效率的双重兼顾。

有些时候一家金融机构即使完全达到8%的资本充足标准，依然可能因为其他风险而陷入经营困境，甚至陷入破产的境地。如果要确保金融效率和安全的双重兼顾，一国监管当局有必要改变一些"硬"性规则，但这

---

① 帕累托的这个定义在西方经济学界被广泛使用。郑振龙，陈国进等著，《金融制度设计与经济增长》，经济科学出版社2009年版，第405页。

② 沈军：《金融效率理论框架与我国金融效率实证考察》《金融论坛》，2003年第7期。

不会是一蹴而就的。监管当局可以依法对金融机构实行常规的检查监督、定期或不定期的现场检查，以及对出现问题的金融机构进行稽核处罚。当然，如果一味发布严格的监管规则，而没有金融机构的积极响应，监管的效果必然是不佳和难以持久的。因此，需要监管当局与金融机构之间形成相互支持和配合的良性关系，促使金融机构对法规与条例的自觉遵守。对于金融监管规则的实施与调整，需要注重两个方面的原则：其一，金融监管不应压制金融机构间的正当竞争，而是应当通过鼓励、引导和规范来提高金融机构的运营效率；其二，金融监管当局应该以尽可能少的成本支出来实现有效监管的目标，不能让监管行为成为行业竞争的阻碍，导致一国银行业趋于萎缩。

三、弹性的监管——刚柔并济

在全球经济一体化的背景下，任何金融问题都有可能迅速演变成全球性问题，客观上需要一国监管当局进行刚柔并济的金融监管。欧洲央行行长特里谢（Jean – Claude Trichet）强调了坚持国际金融改革的必要性，认为创建更有弹性的全球监管体系是至关重要的。所谓弹性监管，就是根据金融风险变化来适时地制定和执行最科学的监管标准，如持续调整资本充足率、存款准备金率、存款保险率等监管标准。有学者认为弹性监管模式可以克服信息非对称条件下的道德风险问题，复杂多变的金融风险需要能灵活调整的监管模式，在纠正金融市场失灵所造成的损失的同时，及时的规则调整没有影响到整个金融体系的效率。

弹性金融监管方式的采取，一方面需要监管当局对金融体系的风险状况有比较准确的判断能力；另一方面要求监管当局能够对金融监管规则进行灵活的实施和调整。

自成立之初，巴塞尔委员会就将其宗旨确定为制定广泛的银行监管准则，发布各项监管指引及推荐银行业的最佳实践原则（best practice），期望成员方的中央银行根据各自的具体监管实践，采取立法或其他的监管措施来实施巴塞尔委员会的各项监管准则与指引，并且推动各国在监管方面的交流与合作。全球金融业发展的现实促使巴塞尔委员会成为最具影响力的监管标准制定机构。

2008年的国际金融危机迫使巴塞尔委员会重新考虑调整巴塞尔规则的重要性。它自2009年开始先后发布了《新资本协议的修改建议》《市场风险资本计提修改建议》《交易账户新增风险资本计提指引》，这些规定强化了"三大支柱"的资本监管框架，增强了对金融风险的捕捉能力。为了提高规则实施的有效性，巴塞尔委员会还进行了大范围的压力测试和定量影响测算，并根据所得结果对规则进行了修改。根据规定，成员方应该在过渡期内进行相关规则的逐步实施。

表 1-1　成员方实施 2010 版巴Ⅲ进展

成员	风险资本	G-SIB/D-SIB	流动性覆盖率（LCR）	杠杆率
阿根廷	3：支柱3的最终规则于2013年2月8日发布，并于2013年12月31日生效。4：支柱1和支柱2的最终规则于2013年1月1日生效	1	1	
澳大利亚	4	1	2：2013年5月修改规则草案	
比利时	（3）	（3）	（3）	
巴西	4	1	1	
加拿大	4：要求银行全面满足2019年的资本标准，但去除不合格的资本工具①	3：2016年1月资本规则生效；4：发布最终规则	1	

① 2012年12月10日开始发布信用价值调整（Credit valuation adjustment，CVA）的最终规则，于2014年1月1日生效。

续表

成员	风险资本	G-SIB/D-SIB	流动性覆盖率（LCR）	杠杆率
中国	4	1：CBRC 正在复审具体的 D-SIB 的监管框架	1	4% 的国内杠杆率标准已经于 2012 年生效
法国	(3)	(3)	(3)	
德国	(3)	(3)	(3)	
中国香港特别行政区	4：关于最低资本标准和附注披露规定分别于 2013 年 1 月 1 日和 6 月 30 日生效。关于资本缓冲的规则预计于 2014 年实施	1：关于 G-SIB/D-SIB 的规则预计于 2014 年发布	2：关于 LCR 规则的实施预计于 2014 年发布	杠杆率披露规则预计于 2014 年发布
印度	4	1	2：2012 年 2 月发布了草案指南。关于 LCR 的最终规则正在制定之中	2012 年 5 月发布了指南，2013 年 6 月底开始对杠杆率进行监测
印度尼西亚	2：2013 年发布了关于 Basel Ⅲ 的资本规章	1：研究 D-SIB 框架	1：在银行与监管当局之后开始启动对话	2012 年 6 月发布的咨询稿中讨论了杠杆率
意大利	(3)	(3)	(3)	
日本	4：还没有发布关于资本留存缓冲和逆周期缓冲的规则	1	1	
韩国	3：2013 年 7 月 3 日发布了最终规则，并且于 2013 年 12 月 1 日生效	1	1	
卢森堡	(3)	(3)	(3)	
墨西哥	4：还没有发布关于中央对手的规则	1	1	
荷兰	(3)	(3)	(3)	
俄罗斯	3：2013 年 2 月发布了关于资本定义和资本充足率的规则，2013 年 7 月发布了修改草案	1：2013 年计划发布关于确定 D-SIB 方法的咨询文件	1：2013 年计划发布关于 LCR 的草案规则	2013 年发布杠杆率的规则草案，从第三季度开始进入平行运行期

续表

成员	风险资本	G－SIB/D－SIB	流动性覆盖率（LCR）	杠杆率
沙特阿拉伯	4	1：正在完成 D－SIB 框架草案	4：2013 年 7 月 10 日发布了修改 LCR 的最终通告	自 2011 年 1 月开始进行最低 3% 的杠杆率监测
新加坡	4	1	1	
南非	4	3	3	
西班牙	（3）	（3）	（3）	
瑞典	（3）	（3）	（3）：实施并生效了 LCR 规定	
瑞士	4	4：关于 G－SIBs 和 D－SIBs 的最终规则已生效	4：2014 年底之前发布 LCR 的监测要求	2014 年计划公布用于监测目的的报告
土耳其	3：2013 年 9 月发布最终规则，2014 年 1 月生效	1	2：2013 年 7 月发布规则草案	2013 年 3 月发布规则草案
英国	（3）	（3）	（3）	
美国	3：2013 年 7 月批准了 Basel Ⅲ 的最终规则	1：监管当局期待在 2013 年底发布实施 G－SIB 框架的规则制定的通知	1：监管当局期待在 2013 年底发布关于 LCR 的规则制定的通知	2013 年 7 月批准的 Basel Ⅲ 最终规则包括了杠杆率规定
欧盟	3：2013 年 7 月 27 日发布了实施 Basel Ⅲ 的最终法律文本，即指南（No. 2013/36）和规章（No. 575/2013）	3：于 2016 年 1 月 1 日依据指南 2013/36 第 131 条适用强制 G－SIB	3：2014 年 6 月 30 日之前适用实施授权法案规定的 LCR（2013/No. 575 法规中的第 460 条）	从 2015 年 1 月 1 日起强制披露杠杆率（2013/No. 575 中的第 451 条和 521 条）

注：数字表示：1 = 规则草案还未发布；2 = 发布了规则草案；3 = 发布了最终规则；4 = 最终规则生效；用括号表示的数字为欧盟成员国，需统一遵循欧盟实施程序。

图表来源：Basel Committee on Banking Supervision, Report to G20 Finance Ministers and Central Bank Governors on monitoring implementation of Basel Ⅲ regulatory reform, April 2013, p. 35.

根据 2010 版巴Ⅲ的实施时间安排，成员方应该在 2013 年 1 月至 2019 年 1 月期间逐步落实。除印度尼西亚发布草案外，26 个成员方于 2013 年 6 月发布了资本监管新规则。我国严格遵循了规则的实施安排，要求商业银行自 2013 年 1 月开始实施。

表1-2　中版巴Ⅲ的达标时间对比

指标体系	具体指标	中国版巴Ⅲ（达标时间）	BASEL Ⅲ（过渡期安排）
资本充足率	普通股核心资本	2012年年初开始实施，系统重要性银行和非系统重要性银行分别于2013和2016年年底前达标	2013年1月1日至2015年1月1日
	一级资本		
	总资本		2019年前仍为8%
	资本留存缓冲		2016年1月1日至2019年1月1日
	逆周期资本缓冲		
	系统重要性银行附加资本		2013年至2018年逐步实施
杠杆率	核心资本/未加权表外资产		2013年至2018年逐步实施
拨备率	拨备/信贷余额	系统重要性银行2013年年底前达标，非系统重要性银行2016年年底前达标，盈利能力较低的银行2018年年底前达标。	2013—2018年逐步实施
	拨备覆盖率		
流动性规则	流动性覆盖率	2013年年底达标	2015年开始实施
	净稳定融资比率	2016年年底达标	2018年开始实施

资料来源：贺建清，《"中国版巴塞尔协议Ⅲ"对银行业的影响分析》，载《金融论坛》，2011年第8期，第25-32页。

　　2012年12月，我国发布了《关于实施商业银行资本管理办法（试行）过渡期安排相关事项的通知》，要求商业银行在2018年底前全面达标，并鼓励有条件的银行可提前达标。随后，巴塞尔评估小组对我国进行了历时9个月的规则实施一致性评估，最终报告中指出我国紧密遵循了2010版巴Ⅲ的实施要求。

　　自2011年10月开始，巴塞尔委员会每半年公布成员方的规则实施进展情况，并且于2012年采用了监管规则一致性评估项目，主要用于监测、评估和报告成员方的协议实施进展，有助于成员方及时发现自身在实施过程中存在的问题，并且通过相应的修正以确保与巴塞尔规则的一致性。2012年6月，巴塞尔委员会向G20提交了研究报告，指出沙特阿拉伯、日本和印度的实施进度较快，已经公布了最终实施规则。截至2012年5月底，加拿大、德国、中国、南非等18个成员方已经正式公布了2010版巴

Ⅲ的实施草案，但韩国、印度尼西亚、中国香港等7个成员方尚未公布正式的实施草案。截至2013年3月底，11个成员方发布了最终的规则并且已经正式生效，3个成员方也进行了发布，但尚没有正式生效，而其他13个成员方在起草相关实施规则（见表1-3）。

表1-3　成员方实施巴塞尔规则的进展对比

	2012年10月前		2013年3月前	
	Basel Ⅱ	Basel Ⅲ	Basel Ⅱ	Basel Ⅲ
已经发布最终版本并且予以实施的国家数量（个）	22	0	24	11
已经发布最终版本但未予以实施的国家数量（个）	1	6	1	3
处于完成最终版本的不同阶段的国家数量（个）	4	19	2	13
没有采取任何实际行动来实施协议的国家数量（个）	0	2	0	0
成员方总数（个）	27	27	27	27

资料来源：Report to G20 Finance Ministers and Central Bank Governors on monitors, p. 4.

美国和欧盟曾于2012年提出无限制推迟实施2010版巴Ⅲ，但还是分别于2013年6月和7月批准了该协议的实施。在推行过程中，成员方为了本国金融利益，往往会选择监管成本较小的规则，结果造成规则的差异性。例如，俄罗斯央行决定自2014年1月1日起实施2010版巴Ⅲ，墨西哥超前采取了协议中的资本标准，以降低杠杆和增加银行业的稳定性。最终，所有27个成员方在2020年5月底都实施了风险为本的资本规则、流动性覆盖率（LCR）和资本留存缓冲（见表1-4）。26个成员方实施了杠杆率规则和逆周期资本缓冲。所有成员方都发布了净稳定融资比率（NSFR）的草案或最终规则。

表1-4　成员方的规则实施进度（国家/地区）

规则	2019年9月底完成实施	2020年5月底完成实施
中央对手方的资本计提	19	21
衍生工具交易对手违约风险资产计量规则	21	23
持有总损失吸收能力（TLAC）的规则	17	18
修订的信用风险标准法	0	1
修订的信用风险内部评级法	0	2
修订的操作风险框架	0	2
杠杆率缓冲	10	1
风险暴露监管框架（LEX）	21	22

资料来源：www. bis. org/bcbs/publ/d506. pdf.

尽管巴塞尔规则不具有强制实施的法律约束力，但这并不等于说软法可以进行任意的实施，成员方不得随意违反基于自己同意基础上的规则。巴塞尔委员会通过监管规则一致性评估项目的采用，对成员方施加了无形的实施压力，强化了成员方的规则实施义务。根据原有安排，2010 版巴Ⅲ应该在2013—2015 年实施，随后由于不断的修正和补充，延期到 2019 年全面达标。2017 年，巴塞尔委员会发布了修订后的《巴塞尔协议Ⅲ：后危机改革的最终方案》（以下简称 2017 版巴Ⅲ），计划从 2022 年 1 月 1 日起逐步实施。巴塞尔规则已经被上百个国家和地区采用。然而，后危机时代的改革还没来得及展开，新的危机又来了。面对突如其来的疫情，具有软法性质的巴塞尔规则的灵活性得到了充分体现。在资本充足监管方面，比利时、法国、瑞士和英国等国家和地区降低了逆周期资本缓冲要求，一些国家和地区通过修改其他资本缓冲要求，期待发挥资本监管规则的逆周期性调节作用。

为应对新冠肺炎疫情对全球银行体系的影响，央行行长和监管负责人小组（GHOS）将最初确定的 2017 版巴塞尔Ⅲ的 2022 年实施日期推迟，至 2023 年 1 月 1 日（见表 1 – 5）。其他调整的措施包括：1. 相关的资本产出下限过渡安排已延长一年，至 2028 年 1 月 1 日；2. 2019 年 1 月确定的修订后的市场风险框架的实施日期推迟一年，至 2023 年 1 月 1 日；3. 2018年 12 月确定的修订后的第三支柱披露要求的实施日期推迟一年，至 2023年 1 月 1 日。调整这些规则的目的是补充 2010 版巴Ⅲ的初始标准。因此，预计修订后的时间表不会削弱全球银行体系的资本实力，但将为金融机构提供额外的能力，以有效应对突如其来的新冠肺炎疫情。

表 1 – 5　巴塞尔规则的实施时间调整

标准	最初时间安排	修改后的实施时间
信用风险标准法	2022 年 1 月 1 日	2023 年 1 月 1 日
信用风险内评法	2022 年 1 月 1 日	2023 年 1 月 1 日
信用估值调整框架	2022 年 1 月 1 日	2023 年 1 月 1 日
操作风险框架	2022 年 1 月 1 日	2023 年 1 月 1 日
市场风险框架	2022 年 1 月 1 日	2023 年 1 月 1 日

续表

标准	最初时间安排	修改后的实施时间
资本下限	2022/1/1；切换安排到 2027 年 1 月 1 日	2023/1/1；切换安排到 2028 年 1 月 1 日
第三支柱披露框架	2022 年 1 月 1 日	2023 年 1 月 1 日
杠杆率和全球系统重要性银行缓冲	2022 年 1 月 1 日	2023 年 1 月 1 日

资料来源：作者根据国际清算银行（BIS）的数据整理。

2021 年 7 月 6 日，巴塞尔委员会发布《巴塞尔改革支撑了新冠肺炎疫情影响》研究报告，指出银行所持资本和流动性的质量及水平的提高，帮助它们吸收了新冠肺炎疫情带来的相当大的一部分影响。

稳定性和确定性是法律的两个重要属性，可以减少因信息不对称带来的交易成本，并降低国际合作过程中的不信任感。但是，从另一个角度来看，硬性的规则显现出其灵活性和变通性的不足，相对难以适应不断快速变化着的国际金融环境。硬法自身的不易变动性和僵化性，与国际金融的持续变动性和国际社会行为体多样化利益需求之间，始终存在着一个需要有及时调整的张力，否则会出现有效监管之"规则失灵"现象的出现。因此，硬规则很容易对国际金融领域中新出现的问题产生"失语"，只能通过法律的废、立、改来回应，显得比较迟滞。具有软法性质的巴塞尔规则由"软"至"硬"的变化趋势，正是凭借其灵活的实施安排得到了众多国家的普遍遵循，在监管实践中发挥着刚柔并济的作用。

第三节　协调与机制的解析

G‐SIFIs 监管协调机制是一个叠加的组合概念。"协调"与"机制"这两个词常被人们从不同的角度进行着阐释。它们从不同的领域和层面上都可延伸出特有的涵义。因此，只有在理解透彻相关概念的前提下，才能合理把握 G‐SIFIs 监管协调机制这个组合词的深层内涵。

一、何谓协调

一定程度上看，协调是人类更理性化的思考方式和人生态度。它不仅是法制社会精神文明的体现，也是构建人类和谐社会的需要，要达到的最高境界应是"人尽其才，物尽其用，地尽其利"的和谐。

（一）协调的字面释义

协调是人类社会的古老活动之一。[①] 按照中文汉字字面含义解释，"协"字，繁体字为"協"。"协"字中的"十"表示众多，"協"字中的"三力"表示人多力量大。[②] "调"字，许慎《说文解析》上释义为"和也"。从英文词典对协调的释义上来看，《汉英综合大辞典》解释为"coordinate，concert，integrate，harmonize，cohere with"。《现代汉英词典》解释为"1. coordinate；concert；harmonize；bring into line；2. in a concerted way；balanced；harmonious；in tune。"[③]《汉字图解字典》的解释是："会意字。从言，表示言和意通才和谐。从周，周有亲密义，亲密则和谐。"[④]《辞海》中没有出现对"协调"的解释，认为"协"有"和谐、协调"之意，其中把"协调性"解释为"相容性"、"（古典的）一致性"、"无矛盾性"。[⑤]

从词性上来看，协调可以是用于表达一种动态过程的动词，也可以是表达这种动态过程的形容词。《现代汉语分类大词典》解释协调为：1.〔形〕配合得适当；2.〔动〕使配合适当。[⑥]《现代汉语同义词典》在对

---

① 曹丽媛著：《寻找公共行政的"点金石"西方国家中央政府部际协调的实践与启示》，新华出版社 2017 年版，第 19 页。

② 邢会强著：《解字"国家协调论"》，选自《"国家协调论"与经济法学杨紫烜教授从教五十周年暨学术思想研究文集》，北京大学出版社 2010 年版，第 157 页。

③ 外研社辞书部著：《现代汉英词典》，外语教学与研究出版社 2001 年版。

④ 顾建平著：《汉字图解字典》，中国出版集团东方出版中心 2008 年版，第 543 页。

⑤ 辞海编辑委员会著：《辞海》（普及本），上海辞书出版社 1999 年版，第 351 - 352 页。

⑥ 董大年著：《现代汉语分类大词典》，上海辞书出版社 2007 年版，第 1053 页。

"协调"的释义中，突出强调相互间步调、倾向或规模上取得一致，指出它多与"工作、动作、安排、发展"等词搭配。如果将协调作为动词使用，则为使各部分配合得适当。《新时期新名词大辞典》将协调解释为保证事情和行动均有合适的比例，从而使方法适应于目的，使一个组织中所有活动同步化与和谐化。

（二）学者们的多角度阐释

国内外学者们在字面释义的基础上，对协调提出了各自不同的见解。在国外，第一个明确给出协调定义的是法约尔。1916 年，他在《工业管理与一般管理》中提出，管理活动包括计划、组织、指挥、协调和控制五项，其中协调就是使一切工作都能和谐地配合，以便企业的经营活动顺利进行。该定义的不足在于未涉及企业外部的协调和人际关系的协调。随后，西方现代管理理论中社会系统学派的创始人切斯特·巴纳德（Chester·Barnard）进一步补充，指出协调还应该涉及两个过程，一是组织与外部环境的适应过程；二是组织对人际关系的满足过程。美国管理学家古里克认为协调是为了使各部门之间工作和谐和步调一致，共同实现目标而采取的管理活动。古里克突出了协调职能的作用，认为一个组织的主要目标是协调，因此为保证协调而集合所有相关管理活动。美国管理学家孔茨认为协调是整个管理工作的本质，它贯穿于管理活动的整个过程。迈克尔·阿特斯和西尔维姬·奥斯认为协调具有整体性、关联性和协同性三个重要特征。现代社会是系统化的社会，在空间结构上是一个具有复杂层次的动态发展系统。协调主要是每一个所属的子系统内部和系统之间，每一个因素内部和因素之间相互作用的整体动态反应，是为实现总体目标而相互配合和相互促进的协同活动。

在国内，有学者指出协调是为了有效地完成组织计划所规定的任务，以便顺利实现目标，对管理诸要素加以调节的活动。[①]

---

① 郎润华，曾庆双，唐亮编著：《管理学基础》，重庆大学出版社 2021 年版，第 272 页。

　　人们使用"协调"一词时，主要理解为两种含义：其一，把协调视为一种组织管理工作，是主体围绕组织发展目标而进行调节的活动，以减少活动实施过程中出现矛盾或摩擦等不好现象；其二，把协调视为各方相互协作、配合和促进的一种和谐的发展态势。只有通过协调才可能得到最优效果的发展，也只有实现发展目标才是进行协调的用意所在。协调是现代管理过程中的重要影响因素，是管理者通过采用一定的手段和方法，对管理过程中的各种关系进行调节，从而高效且步调一致地实现目标的活动。它是通过实现各种关系特别是人际关系的和谐，为实现最终目标而努力的一个动态发展过程。

　　协调的主要哲学依据是矛盾的同一性，需要把对立的双方联结为一个统一体，使彼此处于相对稳定状态。因此，有学者指出协调的基本含义为"配合适当，和谐一致，步调同一"。如果实现不了这种协调的状态，相关主体就应该通过主动的调整来"使其配合适当"。[①] 杨紫烜教授认为"配合适当"是形容词，它是协调的目标和相对的静态结果。"使配合适当"是动词，它是协调的动态过程、方法以及主体或规则的能动性状态。

　　（三）从国家和国际层面延伸的含义

　　1993 年之后，我国经济法学界进行一项脱胎换骨式的变革。经济法的定义中增加了"协调"二字，即"经济法，是调整在国家协调经济运行过程中发生的经济关系的法律规范的总称。"肖江平认为这是经济法核心内涵的革命性变革。[②] 杨紫烜教授提出经济法的调整对象是国家协调关系，即在国家协调经济运行过程中发生的经济关系。因此，他从经济法的角度

[①] 参见张守文著：《论经济法上的"协调"思想——"国家协调论"的启示》，选自《"国家协调论"与经济法学：杨紫烜教授从教五十周年暨学术思想研究文集》，北京大学出版社 2010 年版，第 133 页。

[②] 肖江平：《一以贯之的经济法定义研究——以"国家协调论"中关于"经济法定义"的思想为例》，选自文集编委会编：《"国家协调论"与经济法学：杨紫烜教授从教五十周年暨学术思想研究文集》，北京大学出版社 2010 年版，第 147 页。

指出了"国家协调论",即国家协调,是指国家运用法律的和非法律的手段,使经济运行符合客观规律的要求,推动国民经济的发展。他进一步指出此概念中的"协调"是指"使配合适宜"。据此,国家是协调的主体,而协调的对象是经济运行,而不是经济关系。协调的方式包括法律的和非法律的手段,其中具有法律形式的经济手段是主要的。当把协调一词用于国际层面上时,曾筱清指出国际协调体现了国家间对国际事务的平等协商和共同调整。

从1994年至1996年,杨紫烜教授在研究经济法和国际经济法的过程中,把"协调"的核心思想延伸到对国际经济法的界定中,认为它是调整在两个以上国家共同协调其经济运行过程中发生的经济关系的法律规范的总称,而经济法则是调整在国家协调本国经济运行过程中发生的经济关系的法律规范的总称。显然,国际规则的统一制定和实施需要主权国家之间的相互协调。值得注意的是,在这种协调过程中形成的规定或标准,更多被认为是国际惯例或者国际"软"法。

二、机制

机制泛指一个系统中,各元素之间相互作用的过程和功能。它是制约的力量,是制度完整连续实施的保证。

(一) 机制的本义

我国《辞海》对"机制"的解释是:"(机制)原指机器的构造和动作原理,生物学和医学在研究一种生物的功能(例如,光合作用或肌肉收缩)时,常借指其内在工作方式,包括有关生物结构组成部分的相互关系,及其间发生的各种变化过程的物理、化学性质和相互联系。"① 《文史哲百科辞典》将机制解释为制约、引起事物运动、转化、发展的内在结构和作用方式。《韦伯斯特大词典》对机制有三种解释:"1. 一种现象或行

---

① 辞海编辑委员会:《辞海》(缩印本·音序),上海辞书出版社2002年版,第746页。

为的固定模式（如季节性降水）；2. 一种统治或管理的方法，一种行政管理方式；3. 一种政府或管理机关的形式。"

与机制相对应的英文主要有两个：Regime 和 Mechanism。前者源于拉丁文"Regimen"，意指"规则、指导、指挥、管辖"。法语中的"Regime"是"合法的规则和原则体系"的意思。按照英文词典的解释，Regime 一般有三种意思：其一是指一种管理或治理形式；其二是指一种经常性的、有规律的现象或行为模式；其三是指某个执政的政府或政体。我国词源学上更多把机制译为 Mechanism。《现代汉英大词典》将机制译为：1. machine - processed、machine - made；2. mechanism。不管机制对应怎样的英文译名，当把机制的本义扩展开来，就会产生不同的释义。Regime 与 Mechanism 具有一定的相似性，也存在着一些区别。Regime 显示了一种体系性的架构，而 Mechanism 则探寻了对架构内容的实际有效运行。

机制的本义应该体现三方面特征：其一，强调整体性，注重探求研究对象各组成部分的联系与互动；其二，强调内在规律性，意味着要透过表面现象达到对事物内在规律的认识。机制不是一般的规律总结，而是能够反映组成结构和互动关系的规律；其三，强调权威性，机制的形成可能存在自发与人为的多种原因，但一旦形成就将具有强大的约束力，能够约束一个体制下的所有主体。建立与制度或体制相配套的运行机制是非常重要的。与制度相比，机制更具操作性和技术性。

（二）扩展的释义

当机制的本义运用到不同的领域，就会产生不同的含义。例如，在生物领域，就产生了生物机制。在社会领域，就产生了社会机制。在国际关系领域中，就产生了国际机制。迄今为止，尚没有确凿证据证明何时首次使用这一概念。1981 年，在美国加利福尼亚州帕尔姆斯普林斯（PalmSprings）召开的国际会议上，国际机制被定义为特定国际关系领域的一整套明示或默示的原则、规范、规则以及决策程序，行为体的预期以之为核心汇聚在一起。该定义得到了比较普遍的认同。其中，原则是关于事实、原因和公正的信念，规范是以权利和义务定义的行为标准，规则是对行动特别的指示或禁止。当然，批评者认为它对原则、规范、规则之间的关系没有描述清楚，有损于界定的科学性。基欧汉进一步指出国际机制包含着不同水平的指令，是从原则、规范到高度特殊化的规则。

国际机制存在于国际社会的每一个领域。哪里有行为发生，哪里就有机制。哪里需要调节集团或国家行为，哪里就有国际机制。国际机制不是一经建立便固定且永远不变的，而是会随着环境和条件的改变而不断发展、调整和修正。从中可见，国际机制的主要要素包括协调国际间关系的原则、准则、规则和决策程序，所发挥的最大功能是制约和调节国际社会中各主体的行为。因此，它表现出三个方面的特征：其一，任何一种国际机制都包括影响决策的有关准则和规则；其二，任何一种国际机制还包括影响主体决策行为的主要原则；其三，国际机制是一种主观现象，显示出参与者对合法、合适、合理的道义行为的理解和期望。一般而言，各国政府是大多数国际机制的官方参与主体，而政府代表又基本上都是各国的重要决策者，即精英。这些精英对国际机制的原则、准则、规则和决策程序的理解和期望，对形成和维系有效的国际机制发挥着不可替代的重要作用。奥兰·扬（Oran R. Young）指出，"国际机制不会成为一个静态的构造，甚至在它被完全明白的解释之后，机制在经历着持续的改变，以回应它们内部的动力，诸如政治、经济和社会环境的变迁。"因此，在分析一种国际机制时，参与主体不仅要正确理解其中的主要规则和准则，而且要了解影响其具体规则后面的一般原则。面对全球经济的一体化，金融业加快了国际化的进程。为确保全球金融市场的安全，需要在金融监管方面加强各方在规则实施和调整方面的相互协调。作为国际金融"软法"的典范，巴塞尔委员会所推行的一系列规则在实现全球统一监管方面发挥了富有成效的协调作用。2021年7月24日，中国银行保险监督管理委员会原副主席王兆星表示，巴塞尔规则不是保守封闭、一成不变的，而是根据金融业态和金融风险变化不断进行调整完善的。现在的中国已经深度融入了全球经济，金融发展既要从我国的实际情况出发，同时也要不断深化跨境监管协调机制。

第四节 依法协调的监管机制——遵循巴塞尔规则

历史变迁，兴衰得失，以史为鉴。事实上，社会变化要比法律变化快。相比而言，金融业的发展速度要比其他行业快。客观的现实必然需要监管的前瞻性和协调的一致性，如此才能弥补立法的滞后性。因此，跨境监管协调机制的建立是金融全球化时代的发展需要。该机制除了体现出"协调"和"机制"的基本含义，还应该以法律为协调的主要手段。

一、规则：监管协调的主线

全球系统重要性金融机构监管协调机制是"G–SIFIs"、"监管"、"协调"和"机制"各分概念的叠加，无论各自有着怎样特有的内涵，都可从中探寻出法律的作用力。现代金融为法治金融是应有之义，金融监管协调机制也应该是依法施行的一种机制。

（一）充分发挥法律的协调功能

协调基本上有两种方式：一为"儒家方式"，主张"仁"，即用温和的方法来消除矛盾和缓和关系；二为"法家方式"，主张"强制"，即通过法律的强制力来解决矛盾。当然，还存在"外儒内法"的协调手段，即通过"儒家方式"和"法家方式"的结合来进行外柔内刚的协调，也就是施以"软硬"结合的协调方式。在法律社会化阶段，人们倾向于用协调利益的理论来取代那种纯粹争斗的诉讼理论。从功能上而言，法律是调和或协调彼此交叉和冲突的利益的努力，是一种普遍有效的社会规范，其产生并运行于利益的冲突与调适之中。社会法学派的代表人物罗斯科·庞德（Roscoe·Pound）

主张加强政府对包括经济在内的整个社会生活进行调节或控制，他强调用法律来调节利益，法律设定的目的就在于此。法治秩序应当是一种各种类型的利益冲突能够相互协调的社会秩序。

每个国家都有责任使本国法律与国际法协调一致，这使国际法律体制由"强制性模式"向"协调式模式"转化，更加强调成员方的参与、对话、协调和互动。以 WTO 为例，它通过相互间的互谅、互让和互惠的谈判，使各国的国际贸易政策目标和手段趋于接近或一致。这是各国基于对法律协调的"共同认知"，是"求大同、存小异"的法律协调思路，也是顺应全球化发展趋势的必然选择。目前，并且法律的协调作用正日趋复杂和完整化。杨紫烜教授从经济法的角度指出，国家进行经济协调的手段不能是简单的政策或行政命令，而应该是具有宏观调控和市场监管内容的法律。

在全球金融业的链条上，全球系统重要性金融机构连接起了众多国家和地区。表面上看似不相关的机构，都成为全球金融网络上的一个关键点，一国的金融监管也成为全球金融体系中的一个重要环节。只有充分发挥法律的协调功能，才能让各国的金融监管目标和监管手段更加有效，才能令金融机构的全球运营受到统一的金融监管规则的约束。概览世界各国（地区）的金融监管，除了采取行政手段和经济手段，重要的是采取法律手段，依法协调是最显著的特征。① 因此，法律应该成为跨境金融监管协调的主要手段。

（二）注重法律在监管中的前瞻性

法具有使国家权力的运用合理化、系统化和公开化的价值，这是确保金融市场安全与稳定的重要保障。金融业的全球化推动了各国金融监管制度的变迁。经济发展状况的不同导致各国"依法监管"的不同风格。英国以"非立法监管"为特征，这源自其传统的习惯法原则，即以金融机构自

---

① 戴相龙、黄达主编：《中华金融辞库》，中国金融出版社 1998 年版，第 219 - 220 页。

律监管为主、政府监管为辅的监管体制。美国以"立法监管"为特征，要求全面而详细的法律规定，监管当局必须严格依法行事。美国制订的金融法规在数量和内容上都堪称各国之首，对其他国家的金融制度及法规都有很大的影响。同时，美国历史上金融制度与管理上的重大变革几乎都体现在某些法律上（见表1-6），如1846年国立银行法案引入了美国的双重银行制；1913年联邦储备法案带来了美国第一家中央银行；1927年麦克法登法案规定了国立、州银行设分支的权限。

表1-6　美国金融法案在监管发展史中的主要作用

时间（年）	法律名称	主要作用
1863	《国民银行法》	建立了在联邦注册的国民银行体系实行存款准备金制度，成立货币监理署行使对国民银行的管理、监督、检查职能
1913	《联邦储备法案》	1914年正式成立了独特的中央银行，即联邦储备体系。该法案是美国金融法最富革命性的进展，确立了美国构建联邦储备体系的一般原则，标志着美国现代金融制度开始确立
1927	《麦克法登法案》	取消了国民银行与州注册银行的不同待遇，明确国民银行可设立分行及进行证券承销，但不可跨州设立分行；确立了美国商业银行与投资银行混业经营的格局
1933	《格拉斯——斯蒂格尔法案》	第一次明确了商业银行与投资银行的区分，对后一个世纪美国金融业发展格局产生了深远的影响。在1999年11月前一直是美国银行法律的基础，该法案标志现代商业银行的诞生
1934	《证券交易所法》	根据这些法规设立了证券交易委员会，由该委员会对证券交易所和全国证券商协会等实行限制监督，在证券交易时，必须在证券交易委员会登记
1956	《银行控股公司法案》	对银行控股公司经营证券业务进行限制，拥有一家以上银行的公司不得从事证券业务或商业经营。该法案正式承认了银行控股公司的存在，并将其置于美联储的监管控制之下
1960	《银行合并法》	银行合并、购买的活动必须集中置于联邦金融管理机构的统一管理、监督之下，并受联邦司法审查权的制约
1970	《银行控股公司法修正案》	纳入"单一银行控股公司"，增加了银行与保险业务分离的条款，进一步完善了美国的金融分业经营格局

时间（年）	法律名称	主要作用
1978	《金融机构监管和利率控制法案》	放松了对银行和储蓄机构的利率管制，并允许其发行浮动利率的存款凭单
1980	《存款机构放松管制和金融控制法案》	创立了储蓄机构解除管制委员会，规定到1986年分阶段取消Q条规定对储蓄存款和定期存款的最高利率限制，自此开始了一场以放松管制为特征的金融改革
1987	《银行公平竞争法》	通过设立"非银行业银行"（Non - Bank Banks）来间接从事银行业，堵塞了《格拉斯—斯蒂格尔法案》的另一个漏洞
1994	《州际银行法》	打破了1927年《麦克法登法案》关于单一银行制度的法律限制，允许商业银行从1997年6月1日起跨州经营业务。该法案打破了70年来单一银行制度的法律限制
1999	《金融服务现代化法案》	废除了在美国实行了66年之久的分业经营制度，打破了商业银行与投资银行的隔离墙，引发了大规模的商业银行与投资银行合并为全能银行的浪潮，成为美国金融业混业经营的开始，其结果是商业银行开始同时大规模从事投资银行的活动
2000	《商品期货现代化法》	彻底废除了对包括信用违约掉期在内的金融衍生产品的规制与监管，规定场外交易可以不受政府部门的监管，改变了美国金融市场的格局，对投资银行的发展起到巨大的推动作用
2002	《萨班斯—奥克斯利法案》	将关注点大部分放在了对财务报告相关的内控制度上。该法案标志着美国金融法治根本思想的转变，但高昂的执行成本阻碍了美国金融体系竞争力的提升
2004	修改《萨班斯—奥克斯利法案》404条款	首次将404条款的执行时间向后延迟，降低该法案的执行成本，促进更多企业在美国上市；引发了更多学者对内部控制研究的关注
2005	《条例草案预告》（ANPR）	美国在实行巴塞尔新资本协议的道路上进度相对缓慢。ANPR明确巴塞尔新协议推迟至2008年执行，增加了风险权重分类的种类，允许使用外部评级
2006	《金融服务管制放松法》	授权美联储从2011年10月1日开始对存款机构的准备金余额支付利息。该法旨在放松金融管制，减轻银行业，特别是小银行、社区银行的监管

续表

时间（年）	法律名称	主要作用
2007	《外国投资与国家安全法案》	在美国金融体系竞争力下降的背景下，以安全之名行保护之实。强化了对中国投资并购关键基础设施、高新技术的安全审查，强化了对中国国有企业的审查
2008	《紧急经济稳定法案》	授权美国政府动用 7000 多亿美元的资金向处于困境中的金融机构购买房贷支持债券以及其他债券。该法案在救助问题金融机构、恢复金融市场正常运行和投资者信心等方面发挥了巨大的作用，确保了美国的公共利益，可被看作是美国推进金融监管制度重构的第一步
2008	《金融稳定改进法》	旨在加强美国当局对"大而不能倒"公司的监管，同时规定成立"金融稳定监督委员会"来监控系统性风险，并赋予监管当局拆分危及经济稳定的金融公司的权力，是大萧条以来美国最严厉的金融改革法
2010	《多德—弗兰克华尔街改革与消费者保护法案》	对银行、对冲基金、信贷评级机构、上市公司和其他金融机构的运行规则进行全面的改革与修订。重点防范系统性金融风险，提高金融系统稳定性，保护消费者，是自大萧条以来改革力度最大且影响最深远的金融监管改革法案

　　一个完备的金融法规体系对于有效地实施金融监管是不可缺少的，它主要包括本国金融法律、行政法规和金融监管当局的规章。虽然法律在预防和应对金融危机中发挥着重要作用，但由于法律自身的不完备性，无法从根本上避免金融危机的发生。纵观金融监管的演进历史，危机的爆发又并非单纯由于法律的缺失所造成。实际上，金融监管法律只是对金融市场的一种反应，人为设计的法律不可能先于市场，也不可能完美无缺，法律的滞后性是一种客观存在的现实。一向以规则细密而著称且法治化程度很高的美国，却成为 2008 年国际金融危机中最受重创的国家。2010 年 7 月 15 日，美国参议院通过了《多德—弗兰克华尔街改革与消费者保护法案》（*Dodd - Frank Wall Street Reform and Consumer Protection Act*），它体现了美国对银行业进行严格监管的变化趋势。该法案进一步扩大美联储的审慎监管职能，令它成了针对金融机构的"超级监管者"，由其负责对大型金融

机构实施监管，以确保美国政府了解这些金融机构的风险性和复杂性。其一，强调美联储为维持金融稳定，应该履行系统性风险监管实际执行者的职责和权力。美联储的监管权限得到了扩大，凡是可能影响到金融体系稳定的大型金融机构，如银行控股公司和保险公司等，都属于美联储的监管范围。法案还保留了美联储监管社区银行的权利。接受监管的这些机构都必须定期向美联储提交相关计划和报告。其二，规定美联储可对金融机构的高管薪酬进行监督，一旦发现其薪酬制度导致出现过度追求高风险业务的行为，美联储有权加以干预和予以阻止。最初，该法案受到了美国广大民众的欢迎，然后在实施之后却受到了来自华尔街和大型金融机构的质疑，认为该法案增加了金融机构的运营成本，过分限制了金融行业的融资行为。因此，特朗普总统多次要求废除或修改《多德-弗兰克法案》。2018 年，美国众议院投票通过了修订案，美国中小银行将得到明显的"减负"，意味着严格的金融监管自 2008 年金融危机以来有了最大限度的放宽。

只有紧随金融市场的变化趋势，对金融监管规则进行持续的调整和修正，尽可能确保金融法律的前瞻性，才能降低金融危机发生的频繁和破坏程度。

按照现代法治要求，一切经济活动都应纳入法律规制的框架之下。金融监管需要走上法治化和规范化的轨道，否则就无从谈起监管的权威性、协调性、强制性和持续性。金融市场的全球化运营已经成为一个不可逆转的事实，置身于全球金融体系中的国际或地区已经没有制定规则的空间与自由。随着金融工具的日益创新，金融业的发展速度较其他行业都显得更快，这必然要求金融监管协调的全局性和立法的前瞻性。金融机构的全球化运营需要有一个全球通行的规则，但面对日新月异的全球银行业，不可能存在一蹴而成的监管规则。巴塞尔规则的"软"法性质恰好可以弥补"硬"法固有模式的滞后，其通过灵活的实施安排与持续的调整来跟进日益创新的银行业。

二、巴塞尔规则的"软"协调

在金融全球化的背景下，任何金融问题都有可能迅速演变成全球性问题，客观上需要形成有效的金融监管机制。

（一）"软法"在国际金融领域的协调变化

在"没有国家的全球法"理论中，"法"被视为权力自发互动的产物，而不是国家或者其他强制机构的"制定"。社会合意理论的提出与发展，使人们更多从"同意"或"自愿"，而非"被迫"或"制裁"的角度去看待多样化的法律变化现象。"软"法的形式多种多样，其与"硬"法之间并非是一种二元选择。① 肯尼斯·艾伯特（Kenneth W. Abbott）指出硬法是"……具有法律约束力的准确规则，且具有解释和使法律生效的授权，而一旦法律制度的安排在义务、准确性和授权三要素中的一项或几项呈现弱化趋势时，'软法'王国便出现了。"克恩·亚历山大（Kern Alexander）教授指出存在于法律体系中的一些要素都不是静态变化的，而是随着国家间关系和实践的发展而不断地变化。克恩·亚历山大分别利用三要素高（H）、低（L）变化程度的不同，针对"软"法与"硬"法形成了一个"连续组合体"。② 从表1-7可以看出，义务、准确性和授权三个要素在高、低变化程度上的不同，使不同法律的约束力也各不相同。它们有时独自演变，有时在相互的影响下发生着同等程度的变化。某"软"法的初始确定意味着三要素变化的开始，其中一个或两个以上要素的强化或弱化，都会使"软"法发生着不同程度的变化。软法是三要素中一项或多项要素处于较低标准的规范，肯尼斯·艾伯特指出，其中一个要素的欠缺会使一项规则成为法律，但不会成为"硬"法。

---

① Kenneth W. Abbott, Duncan Snidal. Hard and Soft Law in International Governance, International Organization, 2000（3），Vol. 54, No. 3, p. 422.

② 参见杨文云：《金融监管法律国际协调机制研究》，上海财经大学出版社2011年版，第208页。

表 1-7　"软"法与"硬"法以三要素为依据的组合

"软"法与"硬"法的连续组合	义务	准确性	授权
1. 最高层次的法律/联合国宪章	高	高	高
2. 高层次的法律（WTO、EU、NAFTA）	高	低	高
3. 较高层次的法律—蒙特利尔协定	高	高	低
4. 中间层次的法律	低	高	高
5. 次中间层次的法律—臭氧层协定	高	低	低
6. 低层次的法律	低	低	高
7. 较低层次—巴塞尔协议、IOSCO、FATF	低	高	低
8. 最低层次—无约束力	低	低	低

资料来源：See Kern Alexander, The Role of Soft Law in the Leglization of International Banking Supervision: A Conceptual Approach, CBR Working Paper No. 168, ESRC Centre for Business Research, University of Cambridge, 2000, p. 20.

　　虽然"软"法在制定之初并不试图产生任何强制约束力，但在具体的实施过程中却产生了"软、硬"微妙混合的法律实效。当义务、准确性和授权都达到高标准时，真正意义的"硬"法就出现了。当然，肯尼斯·艾伯特认为软法也会反向行之，如布雷顿森林体系就发生了转向，逐渐弱化直至完全消失。有的时候，恰好是当"软"法弱化到接近于无的时候，最易引起其与道德、政策、宗教和习惯的混淆，导致对软法非法的误判。

　　在国际法层面上，当一国考虑将"软"规则转化为国内法时，有必要从必要性和可行性两方面去权衡。下图 1-1 由两条轴线——体现必要性程度的纵轴和体现可行性高低的横轴——分割的四部分，成为确定优先采用何种规则的视角图。具体为：位于第I部分的规则，具有较高的实施必要性和可行性，其应首先为一国的首选范围；位于第III部分的规则，其必要性和可行性均较低，其应该成为一国最后选择的规则；位于第II部分的规则，由于必要性较强，而可行性较低。一国可在第Ⅰ象限内的规则实施之后，如果可行性程度继续增强，则可确定适用属于此范围内的规则；位于第Ⅳ部分的规则，由于具有较高的可行性，实施起来也较为容易，但由于其较低的必要性，这意味着实施的有效性不高，因而可以在适当的时候考虑适用。

在国际金融领域，各国往往为了本国利益，选择监管成本较小的规则，结果导致资本充足率、市场准入和风险管理等方面的规定存在着差异，产生了跨境监管套利问题。如果选择硬法进行全球金融监管的协调，它可依托传统国际法体系，对一国提出强制性义务的实施要求，能够获得全球统一实施的效果。但是，由于硬法的全球推行常常涉及一国主权的让步，往往难以达成一致意见。另外，对条款的修改也需要经过较长的谈判期，难以适应金融市场日新月异的变化。如果选择软法进行协调，它可让各国在较短时间内达成监管的共识，且能够对有缺陷的规则进行及时的修改。

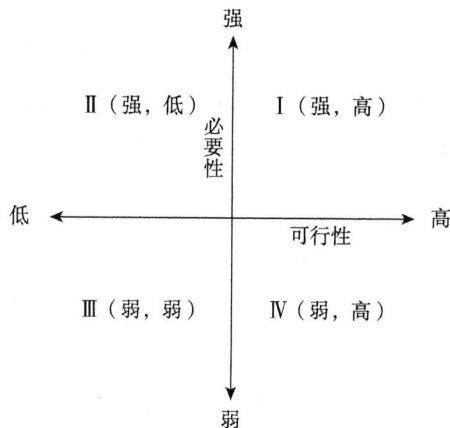

注：括号内第一项表示必要性的程度，第二项表示可行性的程度。

图1-1　规则选择的视角图

（资料来源：杨文云：《金融监管法律国际协调机制研究》，

上海财经大学出版社，2011年7月，第196页）

（二）巴塞尔规则的协调作用

面对危机四伏的银行业，需要有一个统一的监管规则来协调。1929年，美国华尔街股市大崩溃导致全球经济大衰退，当事国共同采取了一种补救性的政策措施，即对全球经济关系进行协调，这就是所谓的"危机管理"。1944年7月，在美国新罕布什尔州的小镇布雷顿森林召开的"联合与联盟国家国际货币金融"会议上，44国代表签署了《国际货币基金组织协定》和《国际复兴开发银行协定》，随后在1945年12月设立了国际货币基金组织和国际复兴开发银行。此后，一系列国际规则与标准制定组织与机构相继成立。这一阶段是以美国为核心，在布雷顿森林体系中发挥协调作用为特征。主要表现为：其一，采用相对固定不变的国际规则或标准；其二，让国际规则或标准的制定组织初步发挥协调的作用；其三，美国的主导作用得到充分发挥，所推行的规则在相当程度上影响着各国的金融立法。

1973年布雷顿森林体系瓦解之后，国际金融程序趋于混乱，各国之间的汇率战和货币战此起彼伏，对全球经济的发展造成了很大的负面影响。1975年7月初，六国首脑在法国巴黎南部的朗布依埃举行会议，讨论如何共同解决危机问题。1983年的华盛顿首脑会议，研究了各国在金融领域进行相互协调的可能性。在规则制定方面，国际金融组织开始发挥着积极的作用。在银行业监管方面，国际清算银行于1975年创设了由12个国家监管当局代表组成的委员会，即"巴塞尔银行监管委员会"。这一时期的协调特点是：其一，主要由重要的国际金融机构和组织进行，辅之以G7主导下的政策协调，但协调的渠道和手段并不多；其二，协调的手段尚不够灵活，未充分发挥"软"法的协调作用；其三，协调的范围在持续扩大，协调的内容从传统的汇率监督与制度安排，逐渐发展到银行业、证券业和保险业等重要领域。

过去20年来，金融自由化在为一国经济发展创造机会的同时，带来了金融市场的急剧波动，使金融危机此起彼伏的发生，显现出金融监管协调的松散与无力。在金融危机的驱动下，一些国际金融标准制定组织，如巴塞尔委员会、国际证监会组织和国际保险监督官协会推出了一系列防范和化解金融危机的监管规则。这一阶段以多国参与为标志，以国际金融"软"法协调为主要手段，打破了由主要发达国家为主导的金融监管协调局面。巴塞尔委员会在全球金融监管层面上的权威性，来自近三十年所发布的一系列文件在国际金融领域所产生的实际影响力（见图 1－2）。

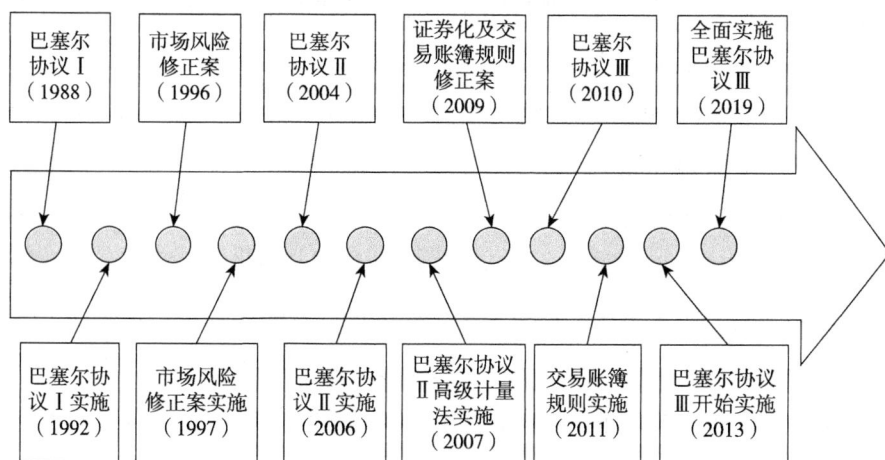

图 1－2　巴塞尔规则在推进过程中的 30 年

（资料来源：李晓慧，何玉润编著：《内部控制与风险管理理论、
实务与案例》，人民出版社 2012 年版，第 33 页）

尽管硬法是具有强制约束力的法律规范，其确定性有利于稳定各国之间的相互关系。然而，在国际金融领域，"硬"法无法顺应金融业的日益创新之势，容易"失语"于新出现的国际金融问题，显得比较迟滞。纵观巴塞尔规则 30 多年的变化过程，虽然不具有法律上的"硬"约束力，但并没妨碍它的"硬"效果在事实上的发挥。自产生之初，《巴塞尔协议Ⅰ》是针对总部设在十国集团，且从事国际业务的银行而特别设计的，其将宗旨确定为制定广泛的银行监管准则、发布各项监管指引及推荐银行业的最

佳实践原则。在实施方式上，巴塞尔委员会不强求成员方的立法须与《巴塞尔协议 I》相一致。成员方有着实施的自主权，无须进行全盘的照搬，而是可以结合自身情况加以实施。因此，对于担心金融主权受到干涉的国家，可以放心地参与到协议的实施中，无须担心因实施而面对重重阻力，也不用担心因不实施而受到惩罚。这是比较宽泛的实施要求，使经济发展程度不同的国家，能够在适当的时候将巴塞尔规则转化进本国的法律体系。由于《巴塞尔协议 I》打破了传统国际法上对实施主体范围的限制，非成员方也可采纳其中的规则与标准，最终得到 100 多个国家的承认与实施，从而产生了事实上的法律实施"硬"效果。

2008 年国际金融危机的爆发凸显了《巴塞尔协议 II》的不足之处，如资产证券化暴露出系统性风险、通过风险价值（VaR）模型计提交易业务监管资本时暴露出的局限性、信息披露的不充分性，等等。对全球系统重要性金融机构而言，出于对自身品牌价值的考虑，为了赢得市场声誉、增加行业竞争力、扩大市场份额和开拓海外市场，它们往往都自愿采纳资本充足标准。面对席卷全球的新冠疫情，2017 版巴 III 的实施时间推迟了一年。对此，GHOS 成员都一致重申，期待根据修订的时间表全面、及时和一致地实施所有巴塞尔规则。

巴塞尔规则是一套优化盈利能力和弱化金融风险的最佳监管指引，它的灵活适用和与时俱进的调整，使其拥有"硬"法所不具备的优势：其一，因为不具有法律上的"硬"约束力，对一国的主权造成侵蚀的可能性比较小，因而成员方在参与制定和实施巴塞尔规则时，无须顾忌过多的主权因素；其二，在处理不确定的监管标准方面的问题时，当出现监管规则不甚清晰的情况下，具有灵活性和模糊性特征的巴塞尔规则，为一国的选择提供了较大的空间，避免因争议而陷入僵局状态。在规则实施和调整方面，它始终留有余地和空间，以保障所制定的监管规则和标准能适时、充分满足实施各方的现实需求。因此，具有"软法"性质的巴塞尔规则在全球范围内得到广泛的接受和普遍的遵循，在协调各国的差异性规定方面发挥了积极的作用。

在金融监管实践中，巴塞尔规则在全球范围内已经形成普遍遵守的局面，其所推行的监管理念、原则、标准和方法，被包括非成员方在内的国家，以立法的形式转化并运用于监管实践之中。从某种程度上而言，它体现了维护金融安全和确保运营效率的价值取向，成为协调全球银行业监管规则的重要指引。

巴塞尔委员会有效推动了各国监管当局的相互交流，为跨境协调监管奠定了"信任基础"，为全球银行业提供了一套优化盈利能力和弱化经营风险的最佳指引。毫无疑问，巴塞尔规则是软法在国际金融领域的典范，它的"软"形式和"硬"效果作用，恰好可以弥补"硬"法的滞后与固化，并将在持续的"软"协调过程中，推动着 G – SIFIs 监管协调新机制的形成。

第二章 "风险为本"的
监管协调机制

纵观金融监管史，其演绎了不同理念影响下的趋严或趋松的监管模式，折射出了金融安全与金融效率的动态博弈过程。金融自由化提高了金融效率，但同时增加了金融风险的隐患。由于全球系统重要性金融机构的经营活动覆盖多个国家和地区，一旦出现金融风险问题，就可能危及全球金融市场的安全。在"风险为本"的理念影响下，监管当局可以将有限的监管资源，集中于风险暴露最突出的金融机构，用最小的监管成本来维持整个金融系统的安全与稳定。

第一节 "风险为本"的监管理念

风险的存在严重影响着金融业的安全经营，并可能影响到整个社会的经济生活和国家安全，因而需要防范和化解金融风险并杜绝危机的发生。在"风险为本"的理念影响下，各国的金融监管目标普遍发生了转移，开始注重通过风险的防范来维持一个安全稳定的金融市场。

一、理念的兴起

银行业监管理念随着时代的不同而变化，先后经历了"合规性"监管、"资本为本"监管和"风险为本"监管的演变历程。合规监管以行政管制为主，其着眼点更多地在于维护国家政策法规的严肃性，属于静态的监管模式。在这种监管模式下，银行监管主要依靠行政调控手段。20世纪 80 年代以前是"合规性"银行监管，到了 90 年代中期就以"资本为本"的银行监管为主。监管当局认为一家金融机构的安全稳健状况在某种程度上取决于其本身的资本充足状况，这是由资本在银行运营过程中起到的作用决定的。1988 年的《巴塞尔协议 I》就显现出"资本为本"的监管理念，其首次将基于风险调整的资本充足率作为国际活跃银行监管的标准。从监管当局的角度看，资本监管实质上是以资本为定量和定性衡量手段进行的监管。但是，过多强调资本充足的监管要求存在着不足之处。

其一，资本充足率的计算没有考虑到同类资产不同信用等级的差异，会导致监管资本计提与实际资本需要之间的不一致。有的时候，尽管银行达到了资本充足率要求，但可能依然无法保证其安全的运营。另外，银行如果计提过多的监管资本，就会增加银行的运营成本并降低其竞争力。显然，这两种情形都不属于最优的资本监管选择。

其二，对资本的严格监管要求容易导致金融机构过多重视资本充足的达标，从而会忽视运营过程中的其他风险隐患。1993 年底，英国巴林银行的资本充足率远超过 8%。1995 年 1 月，巴林银行仍被认为是安全的，但这家银行一个月后就破产并被接管。事实已经证明，即使一家金融机构完全达到资本充足率的要求，依然可能因为其他风险而陷入经营困境甚至遭遇破产的命运。显然，这种以"资本为本"的监管显示出其固化的一面。与银行日益复杂的金融创新相比，只是设定统一的资本充足率标准，也不可能真正起到风险防范的作用。银行风险管理水平的逐步提高，客观上要求金融监管理念的迅速跟进。

美国在 1997 年期间先后发布了《大型复杂金融机构"风险为本"的监管框架》以及《社区银行"风险为本"的监管方法》，其首次提出了"风险为本"的金融监管理念。显然，在对银行进行现场检查和其他监管活动中，监管人员的注意力应该集中于会给银行业带来最大风险的领域。

表 2 - 1　美国联邦储备体系的监管程序

程序	具体文件
1. 了解金融机构情况	1. 金融机构纵览
2. 评估金融机构风险	2. 风险矩阵 3. 风险评估报告
3. 计划和安全监管活动	4. 监管计划 5. 现场检查具体安排
4. 限定检查活动范围	6. 检查范围备忘录 7. 进驻函
5. 执行检查计划	8. 功能性检查模块
6. 报告检查结果	9. 检查报告

资料来源：Federal Reserve System, Framework for Risk - Focused Supervision of Large Complex Institutions, 1997（10）.

美国率先采取了"风险为本"的监管理念，将监管重点集中在风险暴露最严重的金融机构及其业务领域。专家认为，各国监管当局对"风险为本"理念的贯彻，即"就是在对银行进行现场检查和其他监管活动中，监管人员的注意力和监管资源应主要集中于会给银行业带来最大风险的领域。"该理念要求监管当局重点关注那些对金融体系的安全威胁最大的业务范围或机构。"风险为本"的金融监管是一个持续且动态的过程。从表 2 - 1 可以看出，它主要由六个步骤组成，包括了解金融机构情况、评估金融机构风险、计划和安排监管活动、限定检查活动范围、执行检查计划和报告检查结果。其中，"评估金融机构风险"发挥着最重要的作用，目的是为了便于把监管资源集中于风险暴露最突出的机构，是检查和评价银行识别、计量、监测和控制风险的管理系统有效性的一种监管流程。

许多国家采取了风险为本的监管理念。1999 年 6 月，加拿大财政部发布了《金融监管框架》，其核心理念就是建立"风险为本"的金融监管体制（见表2-2）。2001年，香港金管局发布了《"风险为本"的监管制度》，随后"风险为本"的监管模式在香港得到全面实施。

表2-2 加拿大金融机构监管署监管程序

步骤	结果
1. 分析（识别并评估金融机构风险状况）	1. 风险矩阵 2. 风险评估概要（RAS）
2. 计划（列出监管活动的时间表及主要活动计划）	3. 监管计划（按机构、部门、处室和小组来划分）
3. 实施（进行现场检查和持续监控）	4. 信息要求
4. 备案（准备资料并取证）	5. 笔录和笔记 6. 阶段性工作报告（working papers）
5. 报告（向金融机构报告结果和相应建议）	7. 管理层报告 8. 更新风险评估概要
6. 跟踪（结果和建议的处理）	9. 更新风险评估概要

资料来源：The office of the Superintendent of Financial Institutions, Supervison Framework, 1999 (6).

2004年2月，我国银监会发布了《股份制商业银行风险评级体系》，这一评级体系的基本思想来源于美国的骆驼评级体系。[1] 近年来，银行的风险评估能力明显提升，已经可以通过内部风险管理模型对自身的风险进行更准确的评估。在"风险为本"理念影响下，监管当局的工作不仅仅是简单地进行监督管理，而应该对金融机构进行正向的激励。其一，帮助金融机构完善内部风险管理机制，提高抵御风险的能力并要求其承担更多的责任。其二，通过风险评估以及相关信息来对金融机构可能存在的重大风

---

[1] CAMELS评级体系即金融机构统一评级体系（Uniform Financial Institutions Rating System UFIRS）。评级要素即资本充足性（Capital Adequacy）、资产质量（Asset Quality）、管理（Management Administration）、收益（Earnings）、流动性（Liquidity）及对市场风险的敏感性（Sensitivity to Market Risk）六个英文单词的首位字母拼接起来正好是"CAMELS"一词，其因此而得名。

险隐患做出预先的判断，从各个金融机构自身的经营状况、风险结构和特点进行监管的统筹安排，以确保金融市场的整体安全。

二、巴塞尔委员会的推行

全球金融危机的发生，让监管当局更注重合理处理金融安全与效率之间的关系，以"风险为本"的监管理念也被更多地运用到银行业监管实践之中。在巴塞尔委员会已发布的一系列文件中，《巴塞尔协议Ⅱ》体现了"风险为本"监管理念的独特之处，它通过对市场风险、操作风险和信用风险的涵盖，来保证银行的资本充足性能对资产负债结构变化引起的风险变化有足够的敏感性。除了标准法，《巴塞尔协议Ⅱ》还规定了内部评级方法，强调通过它来确定所需配置的资本。当然，银行可以自行决定是否选择使用。

其一，注重风险评估。在风险为本理念的影响下，监管当局的监管更注重进行风险的评估，强调对风险进行识别、衡量、监测和控制。只要存在银行业的资金交易活动，就必然存在金融风险。金融危机归根结底是金融风险日积月累后的爆发，是金融风险的极端表现，使金融活动中的可能损失转化为现实。在对待金融风险的问题上，我们不能任由风险的不断积累和扩散来威胁金融运行的安全。

"风险为本"的监管是一种有计划、可持续和前瞻式的监管模式。监管当局必须要持续评估金融机构的安全稳健状况，包括风险管理、财务状况以及遵守法规情况等。1998年9月，巴塞尔委员会发布了《银行机构的内部控制制度框架》，从管理层监督与控制文化、风险认定与评估、控制行为与职责分离、信息与交流、监控与改正缺陷和内部控制六个方面进行了规定。关于"风险认定与评估"，委员会认为应认定并评估可能影响银行实现其业绩、信息与合规性目标的内外不利因素。

在"风险为本"理念影响下，监管当局的工作往往体现为提供金融监管的服务，而不是单纯地进行监督管理。因此，银行运营越稳健，被严格监管的可能性就越小，并且该机构承担的达标成本就越少。风险评估是保证监管当局贯彻"风险为本"监管理念的重要条件，可以客观、及时地识别和判断金融机构重要业务活动所面临的重大金融风险。它是提高监管效率的核心，也是确保金融安全的关键。

其二，强调重点监管。2007年至2008年初，以美国雷曼兄弟投资公司为代表的一系列大型金融机构倒闭，导致系统性风险的迅速扩大和蔓延，这是一次因"大而不倒"问题造成金融危机的现实描写，佐证了国际清算银行的早期设想。此后，人们对系统性风险也有了更加直观的了解，推动了"风险为本"监管理念的全球推行。2008年金融危机让各国意识到以资本为本的监管理念的弊端，因此对系统重要性金融机构提出了更高的监管要求。通过对此类机构进行风险评估，监管当局可以初步判断整个银行体系的风险所在，以及银行的主要风险隐患所在。因此，有限的监管资源可以集中于有较高风险的银行，减少其他商业银行需要承担的监管成本，进而提高银行业的整体运营效率。在1997年10月的一次众议院听证会上，美国联邦储备银行董事苏珊·M·非利普斯这样讲道："'风险为本'的银行监管在许多情况下可以使得用于对银行进行现场检查的时间减少15%～30%，联储工作人员用于监管的总时间减少10%"。如果一家银行被评估为强，则它会成为监管当局进行现场检查的重点对象，而评估为弱的银行则不会受到更多关注。

2010版巴Ⅲ涉及了系统性风险方面的规定，强化了对全球系统重要性银行的监管资本要求。2011年11月，20国集团首脑峰会正式公布了金融稳定委员会制定的《处理系统重要性金融机构的政策方法》。同年，巴塞尔委员会发布了《全球系统重要性银行：评估方法及附加资本要求》，并且公布了首批29家全球系统重要性银行名单，这一旨在防范系统性风险的规定可谓是具体运用"风险为本"监管理念的真实写照。

"风险为本"的监管理念强调对金融机构进行定期的风险评估，它是整个监管模式设计中最为核心的步骤，其有助于监管当局客观、及时地识别和评估潜在的风险隐患，为监管资源的配置提供客观判断的依据，从而能够根据风险的严重程度进行严格的监管。因此，"风险为本"的监管模式要求对风险暴露突出的金融机构进行重点的监管。

第二节　金融监管机制中的安全与效率

金融体系的运行是瞬息万变的，金融安全的状态不是一成不变的，其在金融风险的影响下起着动态的变化。监管协调机制的施行，需要全球金融体系中的诸要素不被破坏。通过目标一致和协调配合的有效监管，实现金融安全与效率的双重兼顾。

一、金融安全与风险

金融安全很难有广泛接受的定义，但普遍认为它是指组成金融系统的各主要部分的平稳运行。① 金融安全是金融体系运行的一种状态，在这种状态下金融的基本功能得以发挥。"金融安全"不纯粹是金融学或经济学的概念，也涉及国际政治学和国际关系学的相关内容，应该属于多学科的综合性概念。

（一）防范金融风险

从金融风险的角度来看，金融安全可以概括为金融体系具备抵御风险而免遭危机的能力。金融风险的存在是经济运行的常态状况，它会构成对金融安全的威胁，但不一定构成实际上的损害。只有当金融风险积累到一定程度并最终爆发，才会危害到金融市场的安全。因此，监管当局有必要采取各种手段抵御和消除各种金融风险，维持金融体系正常运行的状态。

---

① 中共上海市委宣传部编：《科学发展观与经济社会发展》，上海人民出版社 2008 年版，第 18 页。

表 2 – 3　金融安全与金融风险程度

金融安全	无明显风险	各项风险指标均在安全区内,金融监管有效,金融运行有序,金融业稳健发展
金融基本安全	轻度风险	部分风险指标接近预警值;不良资产占总资产比重低于10%;倒闭的金融机构所占比重很小;金融运行平稳
金融不安全	较高风险	大部分风险指标恶化;大多数金融机构有程度不同的不良资产问题;倒闭的金融机构所占比重上升;经济出现衰退
金融危机	极大风险	爆发严重的货币危机和银行危机,大批金融机构倒闭,出现金融崩溃

资料来源:汤凌霄,《中国金融安全报告:预警与风险化解》,红旗出版社,2008 年 8 月,第 8 页。

从表 2 – 3 清楚地显示出了金融安全、金融风险和金融危机之间的关系。当各项风险指标都处于安全区内,因金融监管有效而导致金融运行有序时,就处于无风险的金融安全状态。安全程度越高,风险就越小,爆发金融危机的可能性就越低。反之,安全程度越低,系统中的风险就越大,而危机则是严重的不安全。临界于金融安全与金融不安全之间的就是金融基本安全,而金融危机则是金融风险累积的爆发结果。因此,金融安全是将金融风险控制在可能引致危机的临界点以下,监管当局应该尽可能地降低金融风险,才能避免金融危机的发生。

从系统观的角度来看,金融安全是一国在经济全球化进程中,面临国内外各种因素的侵袭和威胁,尚且能够凭借各种手段将金融风险控制在引致金融危机的临界状态之下,保持金融系统履行正常功能和维持有序秩序的态势和能力,以及由这种能力所获得的政治、军事与经济的安全。从中可见,一国金融安全程度的高低取决于该国防范和控制风险能力的强弱。

(二) 强化监管协调

从金融监管的角度来看,凯恩(Kain)运用黑格尔的辩证法思想,在

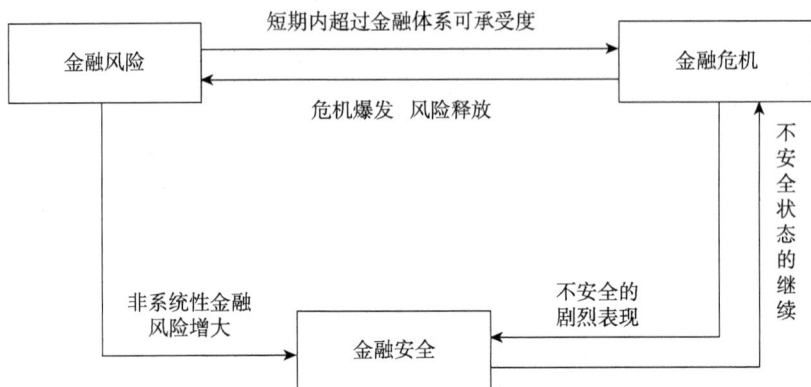

图 2 - 1   金融安全与金融风险、金融危机的关系

（资料来源：叶莉、陈立文著：《中国金融安全运行机制与预警管理研究》，

经济科学出版社 2009 年版，第 28 页）

监管理论的基础上建立了监管辨证论，即从动态角度来解释监管过程中政
治和经济力量的相互作用机制。[①] 在这个动态变化的监管过程中，金融安
全状态是不断协调过程中的一种维持，是监管协调机制中各种变量在一段
期间内达到均衡的状态。

系统性风险往往有较长的累积过程和"潜伏期"，其在某一瞬间的突
然爆发显示出极大的破坏性，严重危及全球金融市场的安全。亚洲金融危
机之后，金融安全得到各国政府的高度重视，成为应对全球化负面影响而
提出的重要战略。然后，由于对系统性风险认识得不够深入，2008 年爆发
了席卷全球的金融危机，使金融机构遭受的直接损失高达 2.6 万亿美元，
全球股市共蒸发市值 16.22 万亿美元。

从一定程度上而言，金融全球化背景下的安全是特定意义上的金融稳
定，需要一国具有能够抵御国内外冲击，即使受到冲击也能保持金融市场
稳健运行的能力。系统性风险问题的解决，需要淡化金融安全的主权属

①   郭春松：《中国银行业监管协调与合作研究》，中国金融出版社 2007 年版，第 28 页。

性。因此,内含于监管协调机制中的安全,应该是指各国通过加强相互间的协调与合作,确保全球金融体系中的诸要素不被破坏,能够共同关注金融风险的潜在威胁,同步提高应对全球金融危机的能力,实现全球金融体系的安全与稳定。

二、安全与效率的兼顾

20 世纪 90 年代以来,全球金融业的交易结构日趋复杂,金融机构的倒闭事件频频发生。无论金融监管有多么严格,如果金融机构不配合实施,也难以达到预期的监管效果。最优的金融监管应该是能够在金融安全基础上实现效率的最大化。

(一)帕累托效率

金融监管只有建立在有效的理论基础上,才能更好地适应经济金融环境的变化。要实现金融监管的帕累托效率,就有必要在金融监管效率和维护公平之间寻找均衡点。[①] 金融监管效率属于"配置效率"及"宏观效率"的范畴,金融监管的效率就是达成金融监管目标的成本和收益的比较。金融监管成本指的是监管当局为了实施有效监管而在组织、运行与实施方面所做的必要工作投入,可分为直接成本和间接成本两大类,[②] 直接成本包括实施监管需要耗费的人力和物力资源,间接成本是由于银行监管的实施使整个社会的成本增加或社会福利水平的降低,也称之为"影子成本"。金融监管效率的最大化就是用最低成本实现监管收益的最大化。金融监管效率包括经济效率和行政效率,一方面,监管当局应该鼓励金融机构间的正当竞争,通过引导和规范来提高金融业的整体运营效率;另一方面,监管当局应该以尽可能少的成本支出来实现

---

① 张亦春:《现代金融市场学》,中国金融出版社 2019 年版。
② 丁玲华:《基于成本—收益分析的金融监管效率研究》,载《区域金融研究》,2009 年第 6 期,第 13 页。

有效监管的目标。

新古典经济学中使用的"效率",是由意大利经济学家和社会学家帕累托给出的。金融监管就是监管当局依据现实金融状况,通过对各种影响监管成本和收益的因素进行调整和改善,以寻求最佳监管效率点的一个动态的帕累托优化过程。基于金融协调论,金融效率是"金融系统与经济系统以及内部子系统的协调度"。[①] 由于金融监管会产生成本(负面影响)或收益(正面影响)两种结果,应该对两者进行统筹的考虑,还有必要考虑协调引致的经济效果。也就是说,如果要准确评估因金融监管所产生的成本与收益,还需要考量协调在减少风险成本及增加社会效益方面所起的作用。在实践中,我们无法具体地计算协调的量值,但掌握适当的"度"是至关重要的,而衡量的标准就是在符合帕累托效率的前提下,通过有效的协调机制来实现全球金融发展需要的程度。如果满足度的程度高,则协调的量值就高。反之,则说明协调的量值低。

金融监管的根本出发点在于纠正市场失灵和提高金融效率,但有时监管的结果却不令人满意。因此,监管当局需要树立成本—收益的效率理念,综合考虑所采取的监管措施带来的短期和长期的经济影响。金融监管的效用是否已达到最好,往往判断其是否达到"帕累托最优"。其中,需要协调的力量作用其中。帕累托效率的实现,需要国内外环境的协调,需要各方为实现共同的目标而相互配合。全球金融危机表明,各国在协调监管方面的经验存在明显的不足。由于缺乏统一的全球监管规则,一国在强化监管过程中往往不会顾及国内监管措施的溢出效应。在 G – SIFIs 监管协调机制中,需要各国淡化主权属性,注重宏观审慎监管与微观审慎监管的协调,进行目标一致和相互配合的同步监管,才能真正实现帕累托效率的最优化。

---

① 曾建中:《论中央银行在金融生态系统中的角色定位》,中国金融出版社 2011 年版,第 48 页。

(二) 双重的兼顾

1874 年，法国经济学家瓦尔拉斯在《纯粹经济学要义》中创立了一般均衡理论（General Equilibrium Theory）。均衡的概念来自物理学——古典力学，是指相对抗的力能够相互抵消。所谓动态均衡，就是指事物在发展过程中，为了维持自身的稳定和功能的循环，在保证事物质的规定性基础上实现统一体内部矛盾的力量均衡。从金融监管的角度来看，凯恩（Kain）运用黑格尔的辩证法思想建立了监管辩证论，即从动态角度来解释监管过程中各力量的相互作用。

早期的金融监管比较固化，即无论经济处于扩张期或繁荣期，还是处于衰退期或萧条期，监管当局始终按预先确定的统一的资本充足率、存款准备金率、存款保险费率等来监管金融机构。研究表明，除了信息结构和信息能力的影响外，非弹性或刚性的监管会导致金融效率和社会福利的损失。金融安全不会总是处于静态的稳定状态。这意味着金融监管模式不能固定不变，而应该随着各种力量的博弈结果进行动态的调整，从而适应多变的国际金融市场。事实上，稳定的金融安全状态的确保是各方通过不断调整才实现的一种维持，是全球金融体系内部各种变量随时间推移而发生积极变化时所实现的一种均衡状态。

金融安全应当是一种动态均衡。广义的金融安全是指在拥有国家主权的前提下，经济和金融领域的动态均衡，而狭义的金融安全主要是针对金融和货币领域的动态均衡状态。复杂的金融形势和多变的金融风险，需要有与其相匹配的监管机制。在金融全球化的大背景下，安全与效率问题在更大范围和更深程度上显现出来。最优的金融监管应该是在纠正金融市场失灵所造成的损失的同时，其适时的调整没有影响到整个金融市场的运营效率。对一国而言，处理好金融安全与效率的关系显得非常重要，只有能够确保安全的金融效率才是能够持久的效率。理想的金融监管模式不应该顾此失彼，而是能够兼顾金融安全与金融效率。研究表明，金融效率水平与金融安全水平在金融体系中存在四种组合状态，即低效率，低安全；低效率，高安全；高效率，低安全；高效率，高安全。

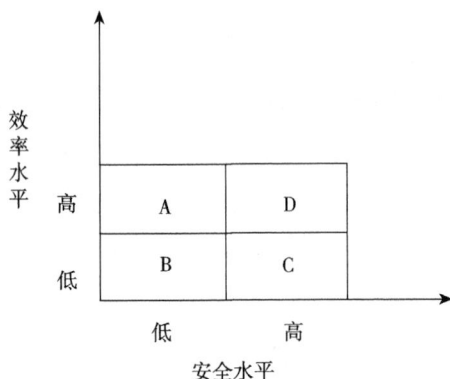

图 2 - 2　金融安全与金融效率的组合

（资料来源：苏同华著：《银行危机论》，中国金融出版社 2000 年版，第 269 页）

图 2 - 2 显示金融效率和安全水平都较低的大多数国家处于图中的 B 区，它们尚未建立起有效的金融安全网；金融效率处于低水平，但金融安全水平高的国家处于 C 区；效率水平较高，但安全水平低的国家处于图中的 A 区，它们容易爆发金融危机；金融效率水平和安全水平相对较高的国家处于 D 区，意味着这些国家形成了完善的金融体系。从发展的角度看，不同国家金融效率与安全水平的不同，导致所采取的监管政策也有所不同。纵观全球金融监管发展史，可以看出金融安全与金融效率之间是一个此起彼伏的变化过程。20 世纪 30 年代之前，全球金融监管主要注重金融安全；20 世纪 30—70 年代，金融监管的目标以安全稳定优先；20 世纪 70—90 年代，金融自由化理论尊崇效率优先的原则；20 世纪 90 年代频频爆发金融危机，维护金融市场的安全显得非常重要。

产生于 20 世纪 90 年代中期的"风险为本"的监管理念，为人们提供了一个全新的视角，协调了国际组织乃至各国当局的金融监管理念，把监管重心集中于风险暴露突出的金融机构和业务领域。全球系统重要性金融机构是金融市场安全的"稳定器",其经营行为已经不仅关系到其自身的发展和存续,更影响到整个金融系统的稳定,对它的严格监管是"风险为本"监管理念的具体运用。2008年国际金融危机之后,全球系统重要性金融机构都在按照巴塞尔委员会推行的规则,不断完善内部的风险管理模式,实现对各类风险的自我防控。例如,中国银行创造性地提出并实施"大风险"管理模式,形成了完整的风险管理框架,并且按照"全程规范化"的要求,加强对各个风险环节尤其是重要风险环节的管控,着力构筑内部控制三道防线体系,从而减少发生重大金融风险的可能。

"风险为本"的金融监管是一种动态且前瞻的模式。其一,可以减少对金融机构进行不必要的监管干预,有利于提高它们的国际竞争力;其二,可以有效地节约监管资源,将监管重心集中于存在较大风险隐患的机构,确保金融市场的安全。对全球金融市场中潜伏的各类风险,各国应该加强相互间的协调与合作,确保金融机构在全球的稳健经营,达到动态均衡的一种安全状态。显然,理想的 G–SIFIs 监管协调机制应该是在"风险为本"的理念下,对金融安全与效率的双重兼顾,而不是孰重孰轻的一种选择。

第三节 审慎的 G–SIFIs 监管协调机制

一部金融发展史就是一部金融监管协调史,伴随其中的就是监管规则的变化。传统上,金融监管当局注重对单个金融机构的监管,宏观审慎监管没有受到足够的重视。但是,如果要切实维护全球金融市场的稳定,也需要注重从宏观层面上对 G–SIFIs 进行严格的审慎监管。

一、加强审慎监管的必要性

1929年美国华尔街股市大崩溃,引起了数以万计的金融机构倒闭,导致了全球经济大衰退。因此,当事国共同采取了补救性的措施,推动了各国金融监管的立法。例如，美国的《格拉斯—斯蒂格尔法》规定了金融业分业经营原则，形成了银行、证券分业经营的模式。这极大降低了银行承受的风险，但也缩小了银行的盈利空间。它还导致一些集团的拆分，如摩根财团将其银行和投行业务拆分，分别对应今天的摩根大通（银行）和摩根士丹利（证券公司）。如果说30年代的经济大危机使各国加强了金融监管法制化，那么国际金融组织的建立使各国加强了相互间的监管协调。

20世纪80年代后半期和90年代初，金融自由化达到了高潮，一个全球化、开放式的统一金融市场初现雏形。然而，从90年代中期开始，区域性金融危机的相继爆发，迫使人们重新开始关注金融体系的安全性问题。1982年，意大利爆发的安布鲁西亚诺银行危机，是影响较大而又争论较多的事件。由于该银行的倒闭，致使200多家外国银行蒙受了45亿美元的巨额损失。在安布鲁西亚诺银行破产所形成的"最后责任"方面，意大利中央银行和卢森堡政府都以它是公司而不是银行的理由拒绝承担管理责任，这引起了国际银行界的震惊，暴露了国际银行监督的重大漏洞。毫无疑问，加强对国际银行业务的监管是非常必要的。1988年7月，巴塞尔委员会推出了《巴塞尔协议Ⅰ》，其基本宗旨是通过制定资本对风险资产最低比例来加强国际银行的稳固性。该协议的基本出发点，就是用银行自身的资本金来控制其国际业务所形成的风险，这无疑能够加强金融体系的稳定发展。

面对危机四伏的银行业，需要通过审慎监管来维护全球金融市场的安全。伴随着金融风险的不断加剧，微观审慎监管的概念被提出，从20世纪90年代开始逐渐成为金融领域的研究热点。微观审慎监管是通过监控一系列指标的变化来预测单个机构的风险，侧重关注单个金融机构的安全，强调通过控制单个金融机构的稳定性来保证整个金融体系的稳定性。事实上，仅仅通过微观审慎监管无法有效防范系统性金融风险。

1979年6月，库克委员会（巴塞尔委员会前身）首次提出"宏观审慎性"问题。1986年，宏观审慎监管的概念出现在巴塞尔委员会的《国际银行业的创新活动》报告中，该报告将其定义为促进"广泛的金融体系和支付机制的安全和稳健"的一种政策。但由于当时金融风险发生系统性金融危机的可能性较小，对银行业的微观审慎监管足以维护整个金融体系的稳定，因而宏观审慎监管的提出未能引起国际社会足够的重视。微观审慎监管在随后的时间里，依然是当时金融监管的主流。2008年金融危机后，巴塞尔委员会明确提出了"宏观审慎监管"（macro prudential regulation）的概念。这是一个相对于微观审慎监管的概念，指监管当局为减少金融危机带来的损失，从金融体系整体而非单一机构的角度来进行监管。微观审慎监管的主要目标在于减少或避免单个金融机构的倒闭风险，尽力保证盈利性和安全性。宏观审慎监管的目标是防止出现整个金融体系的动荡，考虑的是金融市场的持续稳健性。

表2-4　宏、微观审慎监管比较

	宏观审慎监管	微观审慎监管
总体目标	防范金融体系系统性风险；减少金融机构大规模倒闭的风险	防范单个金融机构倒闭的风险
监管控制的实现机制	自上而下的实施	自下而上的实施
风险的特征	内生性的；来自金融机构间的相互作用	外生性的；因单个金融机构产生的风险带来的影响

在早期监管实践中，许多国家更多侧重于微观审慎监管，即针对单个金融机构的风险监管，防止它们因为经营不慎或严重违规而倒闭。但是，个体的理性并不必然导致集体的理性。对于金融体系而言，即使单个金融机构是稳健的，集合行动的后果有可能是灾难性的。例如，单个金融机构为控制风险或提高流动性而出售资产有可能是审慎的，但多数金融机构这样做，则会导致资产价格下跌，进而引发系统性风险。监管当局有必要从金融机构之间相互关联的角度，从整体上评估金融体系的风险和完善金融体系的制度设计，即加强宏观审慎监管。从审慎控制的标准上看，微观审慎监管强调在单个金融机构内实行自下而上的衡量方法，宏观审慎监管强

调在整个系统范围内实行自上而下的衡量方法。两者在目的、风险模型以及审慎控制的衡量标准等方面存在差异，因而可以在一定程度上进行相互补充。

二、美国"双层多头"框架下的宏观审慎监管

多重协调机制和双层多头监管是美国金融监管的重要特色。美国金融监管分为联邦和州两个层面，在联邦层面，按不同金融行业、不同会员关系将金融监管权归属于不同监管机构，这是典型的双层多头监管。2010年7月21日，美国自"大萧条"以来改革力度最大、影响最深远的金融监管改革议案——《多德—弗兰克华尔街改革与消费者保护法案2010》（以下简称《多德—弗兰克法案》）最终签署实施。它体现了美国监管机构的审慎监管思路，其重点在于加强对大型系统重要性金融机构的监管。

其一，提出了具体的监管要求，即对系统重要性金融机构规定了风险资本、应急资本、流动性要求和杠杆比例限制，其中对于杠杆比例的限制为负债与权益的比重不得超过15∶1。该法案力图将所有可能对系统风险产生冲击的金融机构纳入美联储的监管视野中，从而弱化此类金融机构对金融市场的安全威胁。

其二，引入了"沃尔克规则"，其是指禁止接受存款保险的机构、银行控股公司及其附属机构，通过银行自身账户，从事和任何证券、衍生品以及其他金融工具相关的短期自营交易，同时禁止上述机构拥有、投资对冲基金或私募股权基金。"沃尔克规则"有利于稳定金融系统，抑制金融风险的传递与扩大，避免因金融机构"大而不倒"或"关联性太强而不能倒"引发的全球金融危机。但该规则会让银行付出高额成本，使其进行技术上的准备来满足监管要求，并且意味着它们将不得不放弃丰厚回报的自营交易。因此，"沃尔克规则"的采纳成为最重要也是最有争议的条款。

《多德—弗兰克法案》的出台，让美国"双层多头"框架下的监管机

构及其权力都发生了重大变化，建立了金融稳定监管委员会、消费者金融保护局、金融研究办公室和联邦保险办公室四家新机构，撤销了储蓄监理署（OTC），并将监管权力移交给货币监理署（ICC）。该法案增强了监管部门对金融机构和金融市场的干预权利，这种干预涉及了宏观和微观两个层面。

1. 金融稳定监管委员会（FSOC）

多头监管一直被认为是美国金融监管的一大弊端，曾尝试组建单一宏观审慎机构以集中监管权力，但由此牵涉众多机构和个人的相关利益，难以执行。美联储虽然职权扩大，但没能成为专职的宏观审慎监管机构，最后设立了金融稳定监管委员会（Financial Stability Oversight Council），其强调对非银行金融机构、金融控股公司的监管和提高审慎监管标准。同时，为了避免在监管交叉处出现的风险扩大问题，规定由该监管委员会协调和解决监管机构冲突问题，保障金融监管要求的一致性。

金融稳定监管委员会隶属美国财政部，由 10 个有投票权的成员和 5 个没有投票权成员构成，财政部长任金融稳定监管委员会主席。FSOC 的主要职责在于识别和防范系统性风险。在必要时，它可以拆分那些威胁金融稳定的系统重要性金融机构。FSOC 主要关注识别、监控大型复杂金融公司的系统性风险，以及与此相关的金融产品和业务，研究经济形势并解释联邦储备对银行控股公司的综合监管，主要职责包括：

其一，确认哪些金融机构可能对金融稳定产生系统性影响，解决"太大而不能倒"的问题。如果 FSOC 认为某些大型复杂金融机构的行为威胁到金融市场的稳定，它需要向主要的金融监管机构建议实施强化的监管标准，如实施提高资本充足率、杠杆率和流动性要求及其他方面监管要求，从而防范可能发生的系统性金融风险。

其二，只要金融稳定监管委员会 2/3 投票通过，就可以批准美联储对有可能产生系统性风险的非银行金融公司或国际银行的国内子公司进行监管。

其三，只要得到 FSOC 的 2/3 投票通过，可以批准美联储分拆大型复杂金融机构，或者剥离其某些子公司，当然这只能作为可以采取的最后手段。

其四，资产超过 500 亿美元的银行或非银行金融机构，都必须向金融稳定监管委员会呈交报告，其内容包括：财务状况、风险监管与控制系统情况、与子公司交易情况、公司业务可能会对金融市场或金融稳定产生多大影响等。

金融稳定监管委员会拥有广泛的权力以检测和评估任何可能威胁美国金融系统的风险。

2. 金融研究办公室

根据《多德—弗兰克法案》的规定，在财政部下设新的金融研究办公室（Office Financial Research），由经济学家、会计师、律师、前监管官员和其他专家构成。其主要职责是向金融稳定监管委员会以及社会公众提供高质量的金融数据、统一的数据标准来维护美国金融体系的稳定。2012 年 1 月，金融研究办公室发布了《系统性风险分析方法研究报告》，其梳理了海外 31 种系统性风险衡量方法，是当时最权威的相关文献。金融研究办公室每年对金融市场发展和金融稳定进行评估，并将相关的数据和分析报告提供给美国国会和金融稳定监察委员会，也会通过一定形式向公众开放。

3. 美联储（FED）

《多德—弗兰克法案》进一步扩大了美联储的审慎监管职能，其被打造成了"超级监管者"，负责对大型金融机构进行监管，以确保美国政府了解这些金融机构的风险性和复杂性。

其一，美联储为维持金融稳定，应该履行系统性风险监管实际执行者的职责和权力，其内容包括风险资本要求和杠杆限制，其中在确定风险资本要求时，也应考虑表外业务、流动性要求、风险管理要求、救助计划和信用风险报告要求、集中度限制、信息披露、短期债务限制等。同时，法案规定接受 FED 监督的机构必须定期向美联储提交相关计划和报告，内容包括：快速增长和有序清算计划，以防发生危机或破产；信用暴露报告，信用暴露不能超过股本金的 25%。美联储的监管权得到扩大，除银行控股公司外，凡是可能影响到金融体系稳定的大型金融机构，如大型对冲基金、保险公司等，都将进入美联储监管范围。与此同时，法案保留了美联储监管社区银行的权利。

其二，美联储可对企业的高管薪酬进行监督，一旦发现薪酬制度导致企业过度追求高风险业务，美联储有权加以干预和阻止。当然，在操作层面等细节上，仍然需要具体规定。法案在高管薪酬和"金降落伞"条款上为股东提供了更多的权力，包括美联储可以使用代理人参与董事选举，拥有不具约束力的投票权。

金融危机发生后，美国通过《多德—弗兰克法案》赋予了美联储更全面的审慎监管权限。自此，美联储成了一个具有宏观和微观金融监管权的"超级警察"。

三、欧盟的"双支柱"金融监管

次贷危机蔓延至欧洲演变为欧债危机，这使欧盟金融体系经历了严峻的考验，并进一步强化了加强宏观审慎监管的观点，确保宏微观金融监管的有效配合，才能有效地维护欧盟的金融稳定。以次贷危机为契机，欧盟尝试建立起宏、微观审慎监管机构：欧盟系统风险委员会（ESRB）和欧盟金融监管体系 ESFS（European System of Financial Supervision）。其中，欧盟系统风险委员会（ESRB）负责宏观审慎监管，欧洲金融监管体系（ESFS）旨在加强成员国之间金融监管的协调合作，它们成为欧盟金融监管改革的核心。

（一）宏观审慎监管：欧盟系统风险委员会（ESRB）

2009 年 6 月 9 日，欧盟经济与财政理事会特别就建立一个覆盖所有金融部门的独立的宏观审慎监管机构达成了共识，一致认为应建立欧盟系统风险委员会（ESRB）。9 月 23 日，欧盟委员会正式通过了以《德拉鲁西埃报告》（de Larosière Report）报告为基础形成的金融改革法案。《报告》建议建立欧洲系统风险委员会，指出其应该具有的三个主要特点：第一，宏观审慎监管应包括所有金融部门而不仅仅银行；第二，宏观审慎监管应着眼于欧盟整体状况，同时应考虑由成员国监管机构做出的判断；第三，必须建立强有力的、有效的实施机制，将宏观审慎分析所识别的风险评估转换为切实可行的具体的监管行动。

图 2 - 3　欧盟系统风险委员会结构图①

ESRB 是依据欧共体条约第 95 条建立的一个全新且独立的机构，主要承担欧盟金融系统的宏观审慎监管职责，不具备独立的法人资格。② 另外，经济和金融委员会（EFC）主席以及成员国监管机构各派一名代表作为观察员参与其中。ESRB 的核心决策机构是总委员会（General Board）③，每

---

① ESRB, Mandate of the Advisory Scientific Committee of the European Systemic Risk Board, 20 January 2011, http：//www. esrb. europa. eu/pub/pdf/ASC - mandate. pdf？b35a0459c4d622aea129dc229333cef3.

② ESRB 共有 65 个成员，包括：欧洲中央银行的总理事会（来自 27 个成员方中央银行的代表，包括非欧元区成员国）、三大金融监管署的主席和欧盟委员会的一名代表。其中欧洲中央银行主席、副主席、欧盟各国中央银行行长、欧洲监管当局的三位主席以及欧盟委员会委员具有投票权，各国监管机构以及欧洲经济与财政理事会主席不具有投票权。

③ ESRB Regulation, art4（2）.

年至少召开四次会议。ESRB 设置指导委员会（Steering Committee）制定日常工作议程、准备相关会议和执行总委员会的决策①。秘书处（Secretariat）由欧洲央行提供资助并任命秘书长②。欧洲中央银行在秘书处的主导性，扩大了它在 ESRB 的影响力。ESRB 的咨询科学委员会（Advisory Scientific Committee）和咨询技术委员会（Advisory Technology Committee）由总委员会和指导委员会支配，它们的职责在于设计宏观审慎分析的工具，对欧盟指令的制定提供技术方面的相关建议、汇集及提供重要的金融信息。咨询技术委员会要进行金融稳定和宏观审慎决策方面的审查。咨询科学委员会成员由总委员会和常务委员会推荐的 15 个权威专家组成，其主要是在总委员会主席的要求下履行相关职责。欧洲系统风险管理委员会具备以下一些特征：

其一，从原则上来看，ESRB 仍建立在现有的欧洲中央银行体系（ESCB）监管委员会框架基础之上。在 ESRB 董事会 33 个投票权中，欧洲中央银行和欧洲中央银行体系的成员就占了 29 个席位。欧洲系统风险管理委员会紧密附属于欧洲中央银行（ECB）及欧洲中央银行体系（ESCB），特别是欧洲中央银行要对 ESRB 提供分析、统计、管理以及后勤方面的支持。另外，ESRB 还会得到欧盟央行咨询委员会以及各国监管机构的支持。虽然 ESRB 最终的结构仍在不断探讨和修正过程中，但将欧洲中央银行置于宏观审慎监管的核心地位是非常关键的。

其二，ESRB 在宏观审慎监管方面的职责，包括：（1）对信息进行收集和分析；（2）对系统风险进行识别和排序；（3）对重大风险进行预警；（4）发布救助行动劝告；（5）后续预测与预警；（6）与 ESFS 进行信息交流与合作；（7）与 IMF、金融稳定委员会（FSB）及其他相关宏观审慎监管机构进行合作。ESRB 对系统性风险监测的领域非常宽泛，从银行的财

---

① ESRB Regulation，art 4（3）.

② 秘书长的主要职责是协助 ESRB 的管理和信息分析方面的工作，由于秘书长需要出席 ESRB 的全部会议，往往对决策起着决定性的作用。ESRB Regulation，art 4（4）.

务状况到资产价格泡沫或市场组织的运作等都在其监测范围之内，同时也对宏观金融体系进行监测。

其三，ESRB 会要求欧洲监管当局提供总括性（Summary）的或者集体性（Collective）的信息，而这些信息是单个金融机构所不能反映的。如果所要求的信息不能及时获得或者这些当局不能提供，那么 ESRB 会要求从各国监管机构、中央银行或其他机构直接获取。因此，ESRB 应向相关欧洲监管当局获取监管方面的数据和宏观审慎分析所需的"软"信息。值得注意的是，ESRB 需要对所有的信息进行分析并汇总，从而让其他机构无法从共享信息中识别单个金融机构。在信息共享的过程中，ESRB 必须对统计的数据进行保密并避免重复性报告，这在一定程度上增加了 ESRB 信息处理的难度。

其四，在 ESRB 监测期间，一旦发现存在重大系统性风险的隐患，ESRB 将发布预警并提出采取相关措施的建议（recommandations）。上述预警和建议可以是针对欧盟整体的，也可以是针对某些特定成员国的，或者也可能是针对一个或多个成员国监管机构的。如果提出建议，ESRB 应指明需采取行动的时间期限，被建议方将有义务向其解释说明其作为或不作为的理由。一般情况下，ESRB 向欧盟金融理事会进行风险预警，且通常以保密的方式告之，但是经与其磋商之后逐项公开。在某些情况下，ESRB 可向 ESAS 发布预警。如果 ESRB 识别到影响整体金融市场稳定的系统性风险，它有权向成员国监管机构和欧洲监管部门发布预警和提出建议。在这种情况下，相关监管必须决定就警告是否采取行动，他们要么处理潜在的威胁，要么不采取任何行动，但必须向 ESRB 做出适当解释。如果 ESRB 认定解释不具有说服力，ESRB 有权提交欧洲议会评判，这无形中增加了成员国的道德压力。

同时，ESRB 还有义务将确定的风险向包括国际货币基金组织（IMF）和金融稳定论坛（FSF）在内的国际组织进行通报。风险预警以及建议的有效适度将会成为 ESRB 行使宏观审慎监管功能的一个关键性因素，特别是在 ESRB 提出的建议以及风险预警并不具备法律约束力的情况下更是如此，需要依赖于坚实的技术分析，执行机构以及政策的可信度。① ESRB 的建立克服了缺乏覆盖所有金融部门的欧盟层面的金融稳定评估机制。其充分利用欧盟层面央行、监管当局在金融稳定和宏观分析方面的专业化优势及其分析手段，并对欧盟和各国监管当局的金融稳定进行风险评估，并转化为相应的风险预警和政策建议。ESRB 在很大程度上确保了欧盟金融监管市场的稳定性。它针对宏观审慎政策形成判断做出建议，发布风险预警，就宏观经济发展和宏观审慎监管作出比较判断，并对上述事宜提供指导。

（二）微观审慎监管：欧洲金融监管体系（ESFS）

作为与宏观审慎监管相对应的监管手段和方法，微观审慎监管是防范金融风险的第一道防线，是针对单个金融机构进行的监管。2009 年 9 月 23 日，欧盟委员会向欧洲议会和欧洲理事会提出建立欧洲金融监管体系的建议，这是一个欧盟金融发展史上金融监管机制质的飞跃。2010 年，欧盟创立了欧洲金融监管体系（European System of Financial Supervision，ESFS），其包括欧盟各国的各个监管当局和三个新的欧洲监管当局，即升级危机前金融监管体系中的欧洲银行监管委员会、欧洲保险和职业年金监管委员会②、欧洲证券监管委员会③，成立欧盟银行监管当局

---

① 焦莉莉：《欧盟金融监管合作与金融稳定问题研究》，中国社会科学出版社，2012 年 8 月，第 163 页。

② Article 1（2 – 3）Regulation（EU）No 1094/2010 of 24 November 2010 establishing a European Supervisory Authority（European Insurance and Occupational Pensions Authority），amending Decision No 716/2009/EC and repealing Commission Decision 2009/79/EC，OJ L 331，15. 12. 2010，pp. 48 – 83，hereinafter EIOPA Regulation.

③ Article 1（2 – 3）of Regulation（EU）No 1095/2010 of 24 November 2010 establishing a European Supervisory Authority（European Securities and Markets Authority），amending Decision No 716/2009/EC and repealing Commission Decision 2009/77/EC，OJ L 331，15. 12. 2010，pp. 84 – 119，hereinafter ESMA Regulation.

（总部设在英国伦敦）①、欧盟证券市场监管当局（总部设在法国巴黎）、欧盟保险及职业年金监管当局（总部设在德国法兰克福）②。

图 2 - 4　欧盟的微观审慎监管架构

（资料来源：作者绘制）

三个金融监管当局除继续承担原有委员会的职责外，权力范围也有了实质性拓展，更具有法律上的独立性。它们有权制定可约束成员国监管当局的决定，也有权否决或驳回成员国监管当局的决定。值得注意的是，对金融监管的日常监管，仍属于成员国监管当局的主要职责。ESFS 联合委员会则是对三家金融监管当局的合作进行协调的机构，其成员由三家金融监管当局的代表组成，他们轮流担任委员会主席③。ESFS 的任务主要处理跨部门或与金融机构有关的事项，旨在确保各部门间监管规则的一致性，同时保持与 ESRB 的信息共享与相互协调。此外，还有一个附属委员会负责处理跨部门问题，包括金融混业集团（Financial Conglomerates）的监管。ESFS 的目标是：（1）推动各国跨境监管合作以确保决策的一致性；

---

① Article 1 （2 - 3）of Regulation（EU）No 1093/2010 of 24 November 2010 establishing a European Supervisory Authority（European Banking Authority），amending Decision No 716/2009/EC and repealing Commission Decision 2009/78/EC，OJ L 331，15. 12. 2010，pp. 12 - 47，hereinafter EBA Regulation.

② Article 7 of EBA Regulation，op. cit. footnote 102，of ESMA Regulation，op. cit. footnote 103 and of EIOPA Regulation，op. cit. footnote 104. Hereinafter these three Regulations are referred to as ESA Regulations.

③ Section 1 of Chapter IV（Articles 54 - 57）of ESA Regulations，op. cit. footnotes 102 - 104.

（2）提高欧盟层面金融管制和规则的一致性；（3）提高欧盟整体层面对危机的防范、管理与协调合作；（4）提高监管的有效性和效率。ESFS的权限较过去有所扩大，包括：

第一，建立一整套监管规则和技术标准，制定有约束力的技术标准，供各成员国当局选择适用。监管当局有必要发布统一的技术标准，从而确保消除在共同体二级立法下由于例外原则等原因，导致的各国金融法规的差异性。监管当局还有必要为单一金融市场提供一个一致的立法标准。它们为确保监管当局执行工具的一致性提供了运作标准，并且一经欧洲委员会批准，就成为有约束力的法律文件并直接适用于金融机构。相比不具有法律约束力的指导方针和建议，这些标准在协调成员国立法方面更具有影响力。

第二，在协调成员国执行欧盟指令方面，ESFS有两种方式确保成员国的遵守。一方面，它可以向成员国监管当局和单个金融机构发布不具约束力的指导性原则、行动纲领或建议，特别是被认为某监管当局行为与现行欧盟立法有差异时，他们应该尽一切可能去执行。如果没有采取行动，这些机构必须有适当理由予以说明。当然，除非欧盟指令或建议中有明确规定，他们无需对执行的情况进行说明。另一方面，ESAS可通过对监管技术标准的规定来弥补立法的不足。

第三，对系统性风险进行监测以及进行压力测试，从各国监管当局和其他相关公共机构收集信息，并负责监控、评估市场发展趋势，特别是微观审慎发展，潜在风险以及市场脆弱性等。另外，ESFS被赋予对信用评级机构的监管权，其中包括信息要求权、现场检查和进行调查的权利。① 另外，其可通过立法的形式赋予ESMA相关的法律权限，行使有关吊销信用评级机构营业执照等权利。ESFS只能根据分管的不同金融行业进行间接监管，对金融机构的日常监管仍属于成员国的监管范围。但是，对于威胁金

---

① European Commission, Proposal for a Regulation on amending Regulation (EC) No 1060/2009 on credit rating agencies, 2 June 2010, COM (2010) 289 final.

融市场稳定的金融行为，ESFS 可以采取临时禁止或限制的措施，防范金融风险的进一步蔓延。

第四，当成员国的监管行为违反欧盟指令时，采取特定的程序进行证实和纠正。首先，调查违反欧盟指令的行为，如情况属实，则向成员国监管当局提出采取行动的建议。其次，如果不满意于成员国的执行结果，ESFS 将发布正式意见。最后，如果监管当局的行动仍不符合要求，ESFS 可直接要求单个金融机构采取行动。当然，这一措施的采取必须具备两个前提条件：其一，有关欧盟立法可直接适用于该金融机构（尤其是法规和技术标准）；其二，要求金融机构采取的行动，其目的是为了维持金融市场的竞争或确保金融体系的稳定。因此，ESFS 通过特定的程序，在一定程度上可以防止成员国监管机构违反欧盟指令，它在解决成员国的监管分歧方面发挥了较积极的作用。

（三）宏观审慎监管与微观审慎监管的协调

欧盟的金融监管改革不是一场在原有合作基础上的修补式改革，而是为实现金融统一集中监管过程中迈出的实质性步伐，开创了欧盟宏观审慎监管与微观审慎监管相协调的先河。

由 ESRB 负责欧盟宏观审慎监管，欧洲中央银行向其提供分析、统计、后勤、行政管理、人力资源以及资金方面的服务和支持。ESRB 主要负责监测整个欧洲金融市场上可能出现的系统性风险。在信息的获取方面，除了依靠欧洲中央银行外，它还需要依靠欧盟的金融监管体系（ESFS），获取宏观审慎分析所需的"软"信息。在 ESRB 监测期间，一旦发现存在重大系统性风险的隐患，ESRB 将发布预警并提出采取相关措施的建议。一般情况下向欧盟金融理事会（ECOFIN）进行风险预警。某些情况下，ESRB 可向 ESFS 发布预警。如果 ESRB 识别到影响整体金融市场稳定的系统性风险，它有权向成员国监管机构和欧洲监管部门发布预警和提出建议。在这种情况下，相关监管必须决定就警告是否采取行动，他们要么处理潜在的威胁，要么不采取任何行动，但必须向 ESRB 做出适当解释。如果 ESRB 认定解释不具有说服力，其有权提交欧洲议会评判，这无形中增加了成员国的道德压力。

在微观审慎监管层面，欧盟金融监管体系（ESFS）包括欧盟现有各国监管当局以及三个全新的监管机构。为了让社会各界和其他监管机构了解更多的相关信息，ESFS 需要定期进行公告。首先，ESFS 会向公众发布涉及监管领域各行业信息的年度公报，该公报应包括有关 ESFS 的指导方针和建议，以及有关成员国执行欧盟指令方面的信息。如果成员国监管机构没有根据 ESFS 要求采取行动，ESFS 同样要公布其违反欧盟指令的详细细节方面的信息。一定程度上而言，该公报可被视为"点名蒙羞"的文件；其次，ESFS 以更严谨的方式向欧盟层面的机构报告。在任何时候，欧洲议会和欧洲理事会都可要求 ESFS 主席发表声明，ESFS 主席也应对欧洲议会成员提出的问题有所回应。

在与 ESRB 的双向信息交流方面，ESFS 通过对微观信息的收集，将微观审慎监管领域的问题传递给 ESRB，而 ESRB 则通过对欧盟区域内整体宏观经济信息的判断，对可能产生系统性风险或威胁金融体系稳定的风险，通过早期风险预警的方式传递给 ESFS。相应的，ESFS 同样需要对 ESRB 发出的警告采取行动。另外，法案的出台让欧洲中央银行在维护金融稳定方面获得了新的职权，使其在监测金融体系中的系统性风险、发布预警等方面发挥重要作用，并通过系统性委员会发布行动指令，各中央银行、监管当局或金融机构必须服从，否则必须说明理由。因此，欧洲中央银行成为维护欧洲金融体系稳定的主要职能机构。

欧美国家都将强化宏观审慎监管作为监管改革的重点，并通过相应的机构调整来实现这一目标。其他一些国家也同样对审慎监管框架进行了反思，且进行了相应审慎监管改革。例如，印度的高级金融稳定和发展理事会宣布实施宏观审慎监管，墨西哥成立了金融体系稳定理事会，旨在识别可能扰乱金融系统的风险和对宏观审慎政策进行评估，土耳其成立了系统

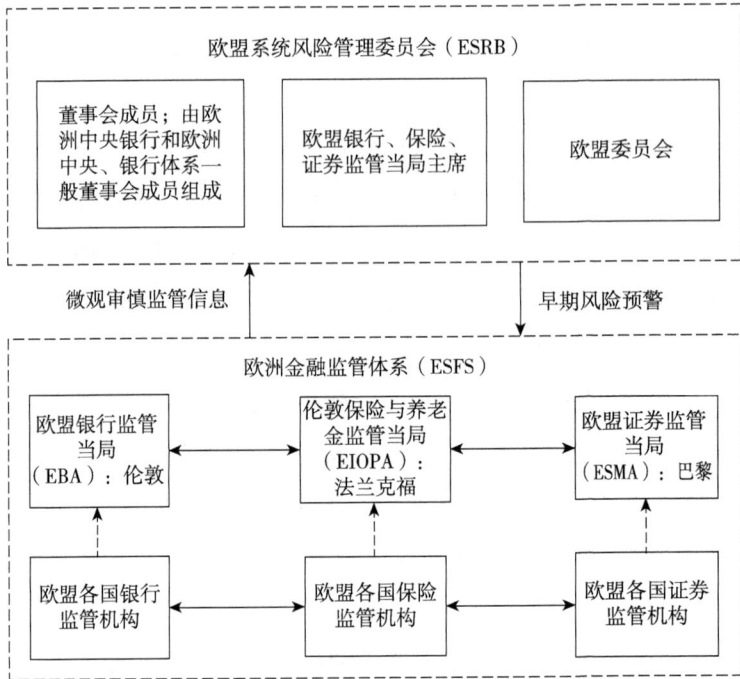

图2-5 欧盟的审慎监管架构

（资料来源：焦莉莉：《欧盟金融监管合作与金融稳定问题研究》，

中国社会科学出版社，2012年8月，第154页）

性风险协调委员会。2009年11月11日，中国人民银行公布了第三季度《中国货币政策执行报告》，其中首次提出逐步建立起宏观审慎制度并纳入宏观调控政策框架，发挥其跨周期的逆风向调节功能，保持金融体系稳健，增强金融持续支持经济发展的能力。因此，我国金融监管当局对宏观审慎监管也给予了高度重视。

四、审慎的 G-SIFIs 监管协调

长期以来，金融监管更多地侧重于微观监管，即针对单个金融机构的风险监管，防止它们因为经营不慎或严重违规而倒闭。对于金融体系

而言，即使单个金融机构是稳健的，集体行动的后果也有可能是灾难性的。例如，单个金融机构为控制风险或提高流动性而出售资产有可能是审慎的，但多数金融机构这样做，则会导致资产价格下跌，进而引发系统性风险。监管当局有必要从金融机构之间相互关联的角度，从整体上评估金融体系的风险和健全金融体系的制度设计，即加强宏观审慎监管。在2020金融街论坛年会上，中国人民银行副行长潘功胜指出，2008年国际金融危机表明金融机构的个体稳健并不代表金融系统的整体稳健，系统性金融稳定的维护需要弥补微观审慎监管的不足，防范金融体系顺周期变化以及风险跨机构、跨市场、跨部门和跨境传染带来的系统性金融风险，并尽可能提前采取针对性措施。2021年5月27日，国际清算银行金融稳定研究所所长费尔南多·雷索亚（Fernando Restoy）指出了疫情下所凸显的对银行监管的挑战，其中关键的观点是有必要进一步增强银行宏观审慎监管，建立一个新的宏观审慎缓冲来完善当前的逆周期资本缓冲。对此，监管当局不得不面临艰难的取舍，因为审慎监管的宏观和微观层面很可能相互冲突。

全球系统重要性金融机构概念的提出，体现了危机后全球金融监管改革的趋势，是强化宏观审慎监管的重要维度之一，而对G－SIFIs的有效监管则需要各方一致和协调的努力。2020年席卷全球的新冠大流行给各国监管当局带来了一个现实的考验，既要防止全球系统重要性金融机构出现重大风险事件，又要防范潜在风险在瞬间爆发而迅速在全球蔓延。宏观审慎监管的突出特点是更加着眼于金融体系而不是单体机构来防范系统性风险。宏观审慎监管所使用的政策工具与一般意义上的微观审慎监管并无本质区别，只是着眼点和具体运用有所差别。

其一，在国内层面上，对单个G－SIFIs应该通过信息共享来促进不同监管当局之间的监管协调。（1）规定微观审慎监管部门和宏观审慎监管部门在信息的收集和共享方面享有的权利与义务；（2）明确金融信息的共享范围和方式，以识别影响金融稳定的事前风险指标和所需的数据、信息等，它们主要包括风险监测的范围、信息的种类、信息的及时性和真实性、对错误信息的纠正与处理以及违反信息监测义务应该承担的不利后果等；（3）建立信息共享数据库，确保各自收集到的信息数据能够及时、准确且全面地进行共享。事实上，信息的收集可能需要大量成本，因此尽可能采取最有效的方式来采集信息。监管当局对数据的发布和保密须遵守相关法律的约束。

其二，在国际层面上，G–SIFIs 已经成为国际金融改革的一个重要组成部分，并且是加强宏观审慎监管的主要任务之一。微观审慎监管过于注重防范单个系统重要性金融机构的风险，忽视了金融机构之间的风险传染和溢出效应的巨大破坏力，这对全球系统重要性金融机构的监管而言是一个致命的缺陷。只有在信息充分共享的前提下，才有助于加强微观审慎监管和宏观审慎监管的相互协调。

巴塞尔委员会要定期收集和公布有关全球系统重要性金融机构的信息，评估 G–SIFIs 在全球体系运作中的风险，促进各国监管当局之间信息交流与共享，协调有关 G–SIFIs 监管标准和规则的制定工作，并且制订系统性危机的应急预案等。其在宏观审慎监管方面的职责，包括：（1）对有关 G–SIFIs 的信息进行收集和分析，从 G–SIFIs 的财务状况到资产价格泡沫或市场组织的运作等都在其监测范围之内；（2）对系统性风险进行识别和排序；（3）对重大风险进行预警；（4）发布救助 G–SIFIs 的行动劝告；（5）对金融机构的预测与预警；（6）与 IMF 和 FSB 等国际组织进行合作。

在对 G–SIFIs 进行监测期间，一旦发现存在重大系统性风险的隐患，巴塞尔委员会应发布预警并提出采取相关措施的建议。上述预警和建议可以是针对全球金融体系的，也可以是针对某些特定国家，或者也可能是针对一个或多个国家的监管机构的。如果提出建议，国际宏观审慎监管机构应指明需采取行动的时间期限，被建议方将有义务向其解释对 G–SIFIs 采取行动或不采取行动的理由。在某些情况下，巴塞尔委员会可向 FSB 发布预警。如果 FSB 识别到影响全球金融市场稳定的系统性风险，它有权向

G20 和相关成员国当局发布预警和提出建议。在这种情况下，相关监管当局必须决定就是否采取行动作出适当回应。如果该监管当局所采取的回应仍不满意，巴塞尔委员会有权提交 G20 评判，这无形中增加了成员国的道德压力。风险预警以及建议的有效适度，这些都应该成为影响行使宏观审慎监管功能的关键性因素。

其三，巴塞尔委员会可要求各国的宏观审慎监管机构提供总括性（Summary）的或者集体性（Collective）的信息，而这些信息是单个 G－SIFIs 所不能反映的。如果所要求的信息不能及时获得或者某国监管机构不能提供，那么巴塞尔委员会可要求从各国微观审慎监管当局、中央银行或其他机构直接获取。出于信息的安全考虑，巴塞尔委员会需要对所有的信息进行分析并汇总，从而无法从共享信息中识别具体的 G－SIFIs。在信息共享的过程中，其必须对统计的数据进行保密并避免重复性报告，这在一定程度上增加了信息处理的难度。另外，系统性风险以各种形式产生和蔓延，还需要关注现有审慎监管范围外的变化，一旦发现某些风险因素可能影响到金融稳定，其应立即收集相关信息，以便于进行全面的风险评估。

其四，在对全球系统重要性金融机构进行严格监管时，既要防止单个金融机构重大风险的发生，又要防范系统性金融风险的全球蔓延。因此，一国微观审慎监管当局应该和宏观审慎监管当局，按照各自职责加强协调配合，加强系统性风险的监测，防止风险的外溢和道德风险。同时，要加强与其他国家和国家监管当局的信息共享与沟通，更经常更充分地交流有关 G－SIFIs 的信息。同时，还需要依赖巴塞尔委员会在金融稳定和宏观分析方面的专业化优势及其分析手段，通过对 G－SIFIs 的风险监测，对各国的金融稳定风险评估，转化为相应的风险预警和政策建议，这将会在很大程度上维护全球的金融安全和稳定。

在金融全球化的大背景下，国家金融安全置于开放体系的冲击之下，安全与效率问题在更大范围和更深程度上显现出来。如果一国出现危机，会迅速传递给所有关联国家。除了注重宏观审慎监管与微观审慎监管的协调，还要关注于金融安全与金融效率的双重兼顾。对此，我们必须清醒地认识到，金融安全是金融效率的基础，然而绝对的金融安全只会影响金融效率。提高金融效率和增进金融安全是各国进行金融监管所期待达到的目标，这就需要金融当局确保金融安全与金融效率的平衡，从而发挥更大的监管功效。2023 年 3 月，中国正式启动了新一轮金融监管机构改革，其中包括组建国家金融监督管理总局。这是加强金融风险管理和防范处置的又一重大举措。在"风险为本"的理念指导下，我们在保证金融安全的同时，也要保证金融效率，处理好两者的关系十分重要，因为包含效率的金融安全，才是真正富于生命力的安全。维护金融安全并不是金融监管的最终目标，建构于安全基础之上的金融效率，才是金融资源符合理性的最优化配置，才是有效监管想要达到的结果。因此，定位于 G–SIFIs 的审慎监管应该注重安全与效率的双重兼顾，即根据全球金融市场的发展变化，随时调整金融监管的目标，在确保安全与稳定的基础上，尽量对 G–SIFIs 用较小的监管成本付出，在提高其经营效益的同时，获得整个金融行业较高的收益回报，这才是一种有效率的跨境监管协调机制设计。

第三章　持续调整的监管规则

面对先行一步的金融机构，监管当局总是很难跟上其金融创新的步伐，无法及时防范突如其来的金融风险。巴塞尔规则得到众多国家普遍遵循的主要原因就在于它的灵活性，可以根据金融市场的需求进行动态的调整。我国以巴塞尔规则为指引，相继出台了资本监管规则、杠杆率规则和流动性监管规则。2008 年国际金融危机的重演显现出协调在全球金融监管中的重要性，相关规则的有效实施需要各方的相互支持、配合和沟通，才能进行目标一致的共同调整。

第一节　资本监管规则的趋同调整

一直以来，资本充足规则都是金融机构抵御外部风险的第一道防线，然而部分大型金融机构却在 2008 年危机的冲击下失去偿债能力，使得过去的资本监管标准受到了质疑和反思。在巴塞尔委员会的努力下，资本监管规则的原有缺陷在实施过程中得到了进一步调整。

一、资本监管规则

资本具有承担和抵御风险冲击的作用。从狭义上讲，此处的"资本"是指资产负债表右侧的普通股部分，而"资本"更广泛的定义包括更广形式的股权和不同种类的安全收入债权的现值。资本充足性是指资本数量必须超过监管当局所规定的能够保障正常营业并足以维持充分信誉的最低限度。

（一）早期的资本监管规定

在成本—收益框架中，所有资本实力雄厚的银行陷入困境的概率较低。因此，各国政府有兴趣通过要求更高的资本水平来降低银行倒闭的概率。然而，20世纪80年代以前不存在任何标准化的银行资本规则，监管当局为银行制定资本监管规则实际上是一种权宜之计。20世纪70年代，美元与黄金脱钩在资本市场不稳定的环境中，这种标准的缺失造成了很多问题。在《巴塞尔协议Ⅰ》颁布之前，许多国家和地区有着各自不同的资本充足率规定。譬如，英国1980年公布的"资本计量"（Measurement of Capital），用资本对风险资产比率来计算资本充足率。1981年，澳大利亚监管当局规定银行资本对资产的比率不得小于6.5%；1985年，美国监管当局规定银行总资本对总资产的比率不得少于5.5%。不同的计算方法使得计算出的资本充足率存在很大的差别。为了协调各国的差异性规定，巴塞尔委员会规定了最低的资本充足率标准。

1. 基于信用风险的资本监管标准

1988年，巴塞尔委员会发布了《统一资本衡量和资本标准的国际协议》（International Convergence of Capital Measurement and Capital Standards），即《巴塞尔协议Ⅰ》。它针对信用风险进行了规定，提出用"资本充足率"来评价和监管风险的方法。衡量的主要尺度是资本对风险资产的比率，其中风险资产是"资产负债表内不同种类资产以及表外项目根据其广泛的相对风险"进行加权汇总后得到的风险权数。资本由核心资本和附属资本构成，其中核心资本又称一级资本，由实收资本、盈余积累、资本公积和未分配利润四个部分组成，应占整个资本的50%以上。附属资本也称为二级资本，由非公开储备、资产重估准备、一般准备金/一般坏账准备金、混合资本工具和次级长期债务五个部分组成。

表 3 - 1　《巴塞尔协议 I 》中的监管资本构成

核心资本（一级资本）	实收资本	已完全缴足的普通股
		永久性累计优先股
	公开储备	股票发行溢价
		未分配利润
		一般准备金
		法定准备金中提取的储备
附属资本（二级资本）		非公开储备
		资本重估储备
		一般准备金/一般坏账准备金
		混合资本工具
		次级长期债务

资料来源：陈东升编著：《商业银行管理》，对外经济贸易大学出版社 2008 年版，第 37 页。

《巴塞尔协议 I 》规定银行的资本充足率必须达到 8% ，其中核心资本要达到 4% 。该协议于 1992 年 12 月生效，其旨在要求银行能够持有充足的资本来吸收资本，从而避免产生系统性问题，并且可以为全球金融市场提供公平竞争的规则。对银行而言，资本充足率可令它们有能力对资本数量进行相应的调整，并令它们在达到监管要求的基础上迅速积累资本，当然也使银行的风险不能得到有效的控制。[1] 随着银行之间更加紧密的业务往来，一些国际活跃银行的跨境监管套利行为日益严重，巴林银行倒闭的事件表明基于信用风险的资本充足标准不能够成为抵御危机的有效防线。

2. 涵盖三类风险的资本监管标准

1996 年 1 月，巴塞尔委员会正式发布了《修订（资本协定）以涵盖市场风险》，将市场风险纳入加权风险资产（Risk Weighted Assets, RWA）的范围。2006 年 6 月发布的《巴塞尔协议 II 》，针对信用风险、

---

[1]　Adrian Blundell - Wignall, Paul Atkinson, Tinking Beyond Basel II : Necessary Solutions for Capital and Liquidity, OECD Journal, Financial Market Trends, Jan. 2010, p. 10.

市场风险和操作风险分别规定了不同的权重计量方法。2008 年金融危机的爆发，显现出原有资本监管标准的缺陷所在。一是日益复杂的二级资本和低质量的三级资本在资本构成中占有较大比重，而以普通股为主的一级资本的比重不高。二是允许银行使用内部模型校准各种资产所需的资本，而各国监管当局对风险权重的解释各不相同，由此导致各国在资本监管标准方面的差异性规定。巴塞尔委员会指出金融危机已经证明了现行巴塞尔规则不能对风险进行有效防范。不同国家在资本监管要求和风险权重资产的测算方面的不一致，导致难以对相关金融机构的资本充足状况进行比较。为了更好地减少信用风险的隐患，巴塞尔委员会于2009 年修改了《巴塞尔协议 I》中的相关规定，其提高了对交易账户和复杂资产证券化风险暴露的资本要求，采纳了基于 12 个月的严重金融压力条件下的压力风险价值的资本要求，试图减少或避免监管套利问题的出现。

(二) 提高监管资本的质量和水平

巴塞尔规则的改革始于 2007—2009 年金融危机引发的对资本监管有效性的反思与批评。2010 年 12 月，它发布了《巴塞尔协议 III：更具稳健性的银行和银行体系的全球监管框架》（以下简称 2010 版巴 III），最大的特点是进一步强化了资本监管。一方面，继续扩大资本对风险的覆盖范围，另一方面，在维持 8% 的资本最低要求水平基础上，在合格资本中剔除三级资本短期次级债，并提升对核心一级资本的要求比重。

1. 进一步明确监管资本的构成

根据 2010 版巴 III 规定，合格资本包括一级资本和二级资本。一级资本包括普通股一级资本和附属一级资本，二级资本在质量上要低于一级资本。例如，用于作为二级资本的工具必须满足这些标准，即至少十年期的次级债是用作二级资本的最主要的资本工具。此类资本得到了简化，即只规定此类资本的合格标准，并取消其他子类别。三级资本不再含括在内，以此确保市场风险与信贷风险和操作风险的相同质量。2010 版巴Ⅲ的重大突破在于大幅提高了普通股一级资本的比重。根据过渡期安排，所有成员方须在 2019 年 1 月 1 日之前分阶段落实资本充足率的要求，便于逐步培养和增强成员方的规则实施能力。2017 年 12 月 7 日，巴塞尔委员会宣布完成对 2010 版巴Ⅲ的修订，最终版本是在简单性、可比性和风险敏感性三者之间的平衡。

表 3 - 2　全球银行业金融机构的核心一级资本充足率　　单位：%

	2010 版巴Ⅲ标准		终版巴Ⅲ标准		
	银行数量	现状	银行数量	过渡期	全面实施
一组银行	105	13.2	92	13.2	12.7
G - SIBs	29	12.9	29	13.0	12.5
二组银行	54	16.2	52	15.6	15.2

图表来源：Basel Committee on Banking Supervision, Basel Ⅲ Monitoring Report, Feb. 2022, p. 22, www. bis. org.

从 2010 版巴Ⅲ的资本充足率统计结果来看，[1]其显示出各银行之间的相关数据存在相当大的差异。如图 3 - 1 所示，一组银行的 CET1 在 10.8% 至 17.3% 之间，可以看出银行间的差异相当大，而全球系统重要性银行的分散度明显较低，二组银行的分散度最高。

研究显示（见图 3 - 2），终版巴Ⅲ的 CET1 将从 13.2% 降至 12.7%，全球系统重要性银行的差异类似，CET1 从 12.9% 降至 12.5%。除此之外，第二组银行的 CET1 下降了 100 个基点，从 16.2% 降到 15.2%。

自巴塞尔委员会优化监管资本的质量以来，这些银行在新冠肺炎大流行期间保持了韧性，没有一家活跃的国际银行破产，尽管未来可能出现损失。显然，银行所持资本水平的提高帮助它们吸收了新冠肺炎大流行带来的负面影响。

---

① Basel Committee on Banking Supervision, Basel Ⅲ Monitoring Report, Feb. 2022, p. 87, www. bis. org.

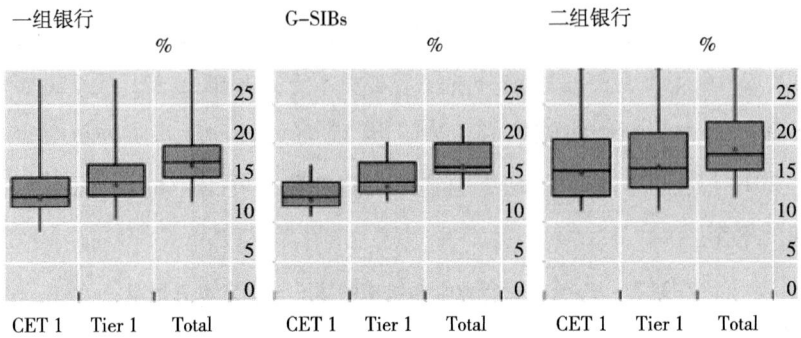

一组银行　　　　　　　G-SIBs　　　　　　　二组银行

图3-1　全球银行业金融机构的资本充足率对比（2010版巴Ⅲ）

（图表来源：Basel Committee on Banking Supervision,

Basel Ⅲ Monitoring Report, Feb. 2022, p. 23, www. bis. org.）

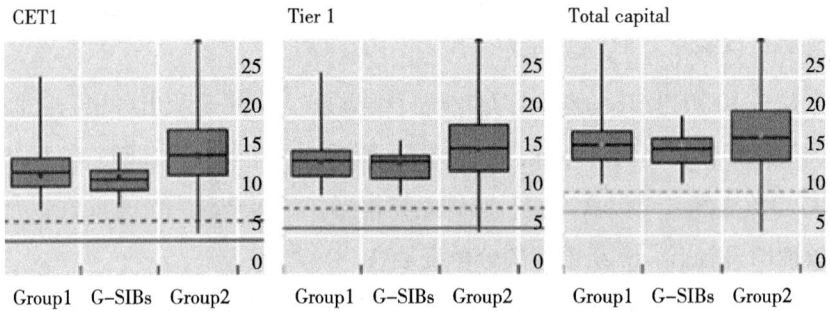

CET1　　　　　　　　Tier 1　　　　　　　Total capital

图3-2　全球银行业金融机构的资本充足率对比（终版巴Ⅲ）

（图表来源：Basel Committee on Banking Supervision,

Basel Ⅲ Monitoring Report, Feb. 2022, p. 23, www. bis. org.）

2. 增加了资本缓冲的规定

2010版巴Ⅲ规定了两个新的资本缓冲，即资本留存缓冲和逆周期缓冲，用于在压力期间提供更充足的资本。

（1）资本留存缓冲（Capital Conservation Buffer）的计提

根据规定，银行在达到最低资本充足率的基础上，需再计提2.5%的资本（该资本为符合要求的普通股一级股本）。当银行的资本留存缓冲不足时，可以通过减少自主分配收益、减少股利支付、减少股份回购和减少员工奖金支付等方式予以补充。

（2）逆周期缓冲的资本要求

早期的资本监管规则不能起到逆周期调节的作用，因此2010版巴Ⅲ规定银行应该在顺周期时期额外划拨零到2.5%的缓冲资本。它们由普通股和其他可完全吸收亏损的资本构成。逆周期缓冲资本属于动态指标，其根据周期的不同阶段进行上下浮动，以此确保银行的稳健运营。根据要求，一国或地区主要通过对信贷增长及其他相关指标的密切监控，对系统性风险的可能性进行评估，以及根据国际活跃银行的贷款风险及其他风险的暴露情况来决定是否计提逆周期缓冲资本。

3. 全球系统重要性银行的额外资本要求

全球系统重要性金融机构倒闭会对金融体系造成损害并对实体经济产生严重负面影响，金融危机时，各国监管部门往往会采取特别救助措施，但实质是纳税人买单。2010年11月，金融稳定理事会发布《系统重要性金融机构监管强度和有效性》政策报告，从监管治理、监管方式和技术以及监管协调方面提出了强化系统重要性金融机构监管的32条建议。2011年11月，巴塞尔委员会发布了《全球系统重要性银行：评估方法和额外损失吸收能力要求》。同时，金融稳定理事会发布了《针对系统重要性金融机构的政策措施》，第一次发布了全球系统重要性金融机构（G-SIFIs）名单，其中绝大部分为G-SIBs。自2011年起，金融稳定理事会每年都会基于前一年的数据更新名单，同时会对业务评分更高的银行提出更严格的监管要求。2013年7月，国际保险监督官协会发布《全球系统重要性保险机构：初步评估方法》。2015年3月，金融稳定理事会和国际证监会组织联合发布《非银行、非保险全球系统重要性金融机构评估方法》。

表 3 – 3　FSB 对全球系统重要性银行分级表（2016 年）

分级	全球系统重要性银行
5（3.5%）	空缺
4（2.5%）	花旗银行、摩根大通
3（2.0%）	美国银行、法国巴黎银行、德意志银行、恒生银行
2（1.5%）	巴克莱银行、瑞士信贷银行、高盛、中国工商银行、三菱日联银行、富国银行
1（1.0%）	中国农业银行、中国银行、纽约梅隆银行、中国建设银行、法国 BPCE 银行、法国农业信贷银行、荷兰商业银行、日本瑞穗银行、摩根士丹利、北欧银行、苏格兰皇家银行、西班牙桑坦德银行、法国兴业银行、渣打银行、美国道富银行、三井住友银行、瑞士银行、意大利联合信贷银行

注：①表格中的分级方法由巴塞尔委员会文件中全球系统重要性制定的标准确定；
　　②括号里的数字是所在级别所需追加资本比率。

全球系统重要性银行的评估方法由巴塞尔委员会制定。每年 11 月，FSB 发布依据上半年数据评出的 G – SIBs 名单，巴塞尔委员会每三年对上述方法重新评估调整一次。为了提高全球系统重要性银行在应对危机过程中的吸收损失能力，它们需要根据系统性重要程度的不同计提 1.0% ~3.0% 的额外一级资本。全球系统重要性银行被划分为不同层级，一家银行所处的层级越高，其重要性就越大，需要持有的资本也就越多。每一个层级都对应着更高的亏损吸收能力的要求、更高的资本缓冲、总损失吸收能力和更高的监管预期。2017 年 11 月，金融稳定委员会发布了 2017 年全球系统重要性银行的排名。与 2016 年相比，中国银行和建设银行从第一级上升到第二级，工商银行保持第二级，农业银行保持第一级。2021 年 11 月，金融稳定理事会发布了最新的全球 30 家最具系统重要性的银行名单，其中农业银行在第一级，中国银行、建设银行和工商银行位列第二级。

2018 年 7 月，巴塞尔委员会发布最新修订后的 G – SIBs 监管文件——《全球系统重要性银行：修订后的评估方法和附加损失吸收能力要求》。其修订了跨境业务指标的定义，将保险子公司的部分业务纳入指标计算。巴塞尔委员会针对资本监管的不足之处，对风险不敏感的最低杠杆率进行了规定。它将最低流动性要求纳入监管框架，形成了一个资本与非资本监管相结合、微观审慎与宏观审慎相结合的监管框架，使银行可以更加有效地应对各种风险的冲击。

二、基本同步的规则调整

2010 版巴Ⅲ的突破之处在于其过渡期安排，即要求所有成员方从 2013 年 1 月 1 日起落实相关规则，最晚应该于 2019 年 1 月 1 日之前予以实施。它打破了传统国际法上对实施主体范围的限制。尽管巴塞尔规则对非成员方不具有实施的约束力，但众多非成员方自愿采纳了 2010 版巴Ⅲ中的规则与标准。2013 年 7 月，金融稳定学院（Financial Stability Institute，FSI）发布了非成员方实施 2010 版巴Ⅲ的年度进展报告，其调研结果截止于 2013 年 5 月底之前。[①]

FSI 的调查问卷送至 100 多个非巴塞尔委员会成员方，也有非欧盟成员方的国家，其中有 74 个国家予以回复。从图 3 - 3 可见，在所调查的非成员中，有 54 个国家要么实施了《巴塞尔协议Ⅱ》，要么正在实施进程中。另外，有 26 个国家已经实施了 2010 版巴Ⅲ，或者正在实施进程中。总体而言，这些非成员方在采纳巴塞尔标准方面取得了重大进展。

对于全球银行业，2010 版巴Ⅲ的趋严实施会产生更多的资金补充压力。从定量测算结果来看，如要达到 7% 的普通股一级资本要求，全球 94 家一组银行（大型银行）需要补充 5770 亿欧元普通股，169 家二组银行（中小银行）需补充 250 亿欧元普通股。当然，多数国际活跃银行在为 2019 年之前全面达到趋严的资本充足标准做好了充分的准备。[②]

---

① Basel Committee on Banking Supervision, Report to G20 Finance Ministers and Central Bank Governors on Monitoring Implementation of Basel Ⅲ Regulatory Reform.

② 巴塞尔委员会以 200 家银行以上的样本为基础进行量化研究，其中大约有一半以上是国际活跃银行，其核心一级资本超过 30 亿欧元。

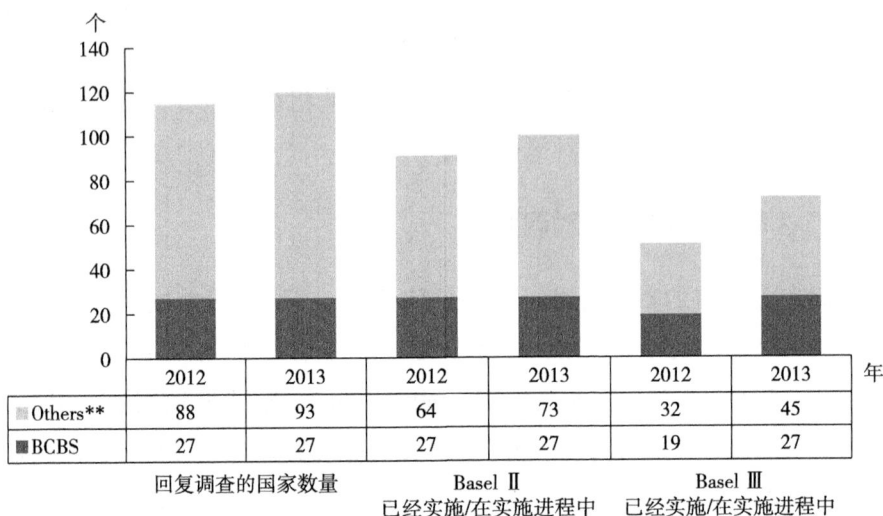

	2012	2013	2012	2013	2012	2013
Others**	88	93	64	73	32	45
BCBS	27	27	27	27	19	27

回复调查的国家数量　　　　Basel Ⅱ　　　　　　　Basel Ⅲ
已经实施/在实施进程中　　已经实施/在实施进程中

图 3 - 3　对 Basel Ⅱ &Basel Ⅲ 实施国家的调查

(资料来源: Basel Committee on Banking Supervision, Report to G20 Finance Ministers and Central Bank Governors on Monitoring Implementation of Basel Ⅲ Regulatory Reform, April 2013, p. 5.)

表 3 - 4　全球银行业对资本充足标准的达标情况

(2013 年 6 月)

	全面实施要求（%）		资本充足率（%）		资本短缺（欧元）	
	最低资本	最低资本加上资本留存缓冲	目前	巴塞尔Ⅲ	最低资本	总目标
一组银行						
核心一级资本	4.5	7.0	11.0	9.5	2.2	57.5
一级资本	6.0	8.5	12.0	9.7	6.9	104.5
总资本	8.0	10.5	14.6	11.1	18.6	143.8
总额					28.8	305.7
全球系统重要性银行						
核心一级资本	4.5		11.0	9.1	0.0	44.3
一级资本	6.0		12.2	9.4	1.8	88.6
总资本	8.0		14.7	10.9	13.0	98.4

续表

	全面实施要求（%）		资本充足率（%）		资本短缺（欧元）	
	最低资本	最低资本加上资本留存缓冲	目前	巴塞尔Ⅲ	最低资本	总目标
总额					14.8	231.2
二组银行						
核心一级资本	4.5	7.0	11.3	9.5	12.4	27.7
一级资本	6.0	8.5	11.8	9.9	3.0	7.5
总资本	8.0	10.5	15.1	11.7	8.4	12.3
总额					23.7	47.4

资料来源：Basel Committee on Banking Supervision, Basel Ⅲ Monitoring Report, Mar. 2014 p. 9.

截至 2020 年 5 月底，所有 27 个成员方都实施了风险为本的资本规则和资本留存缓冲，26 个成员方实施了逆周期资本缓冲。表 3 - 5 总结了成员方在实施规则方面取得的进展。

表 3 - 5　成员方的规则实施进度

规则	2019 年 9 月底完成实施	2020 年 5 月底完成实施
中央对手方的资本计提	19	21
衍生工具交易对手违约风险资产计量规则	21	23
持有总损失吸收能力（TLAC）的规则	17	18
修订的信用风险标准法	0	1
修订的信用风险内部评级法	0	2
修订的操作风险框架	0	2
风险暴露监管框架（LEX）	21	22

资料来源：www. bis. org/bcbs/publ/d506. pdf.

面对突如其来的疫情，具有软法性质的巴塞尔规则的灵活性得到了充分体现。针对特定情况，各国规定了银行暂缓支付来缓解疫情带来的不利影响。原定于 2022 年实施的一些规定相应推迟一年，包括修改后的信用风险权重法、修改后的信用风险内评法等多个监管指标：（1）资本产出下限过渡安排延长一年，至 2028 年 1 月 1 日；（2）将 2019 年 1 月确定的修订后的市场风险框架的实施日期推迟一年，至 2023 年 1 月 1 日；（3）将

2018 年 12 月确定的修订后的第三支柱披露要求的实施日期推迟一年，至 2023 年 1 月 1 日。在新冠肺炎疫情的影响下，比利时、法国、瑞士和英国等国家降低了逆周期资本缓冲要求。一些国家通过修改其他资本缓冲要求，或减少第二支柱下资本要求，实现资本监管的逆周期性。

表 3 - 6　资本监管规则的实施时间调整

标准	最初时间安排	修改后的实施时间
信用风险标准法	2022 年 1 月 1 日	2023 年 1 月 1 日
信用风险内评法	2022 年 1 月 1 日	2023 年 1 月 1 日
信用估值调整框架	2022 年 1 月 1 日	2023 年 1 月 1 日
操作风险框架	2022 年 1 月 1 日	2023 年 1 月 1 日
市场风险框架	2022 年 1 月 1 日	2023 年 1 月 1 日
资本下限	2022/1/1；切换安排到 2027 年 1 月 1 日	2023/1/1；切换安排到 2028 年 1 月 1 日
第三支柱披露框架	2022 年 1 月 1 日	2023 年 1 月 1 日
杠杆率和全球系统重要性银行缓冲	2022 年 1 月 1 日	2023 年 1 月 1 日

资料来源：BIS，作者整理。

2022 年 2 月，巴塞尔委员会发布了《监测报告》，对 172 家银行提供的数据进行分析，包括 110 家大型国际活跃银行（第一组），其中包括 30 家全球系统重要性银行和 62 家其他银行（第二组）。值得注意的是，从 25 家 G - SIBs 的总损失吸收能力（TLAC）数据来看，累计增量短缺为 242 亿欧元，正面对着较大的资本补充压力。从 2015 年至 2021 年末，全球共有 10 个国家的 G - SIBs 发行约 2000 只 TLAC 债务工具，发行总量约 1565 亿美元。对我国而言，四家全球系统重要性银行将在未来数年内发行 TLAC 债务工具，它们力争在 2025 年初达标。

表 3 - 7　全球银行业金融机构的达标情况对比

	2020. 12. 31			2021. 6. 30		
	一组银行	G - SIBs	二组银行	一组银行	G - SIBs	二组银行
2010 版巴Ⅲ						
CET1 ratio（%）	13. 2	13. 0	16. 3	13. 2	12. 9	16. 2
目标资本短缺（欧元）	0. 0	0. 0	0. 0	0. 0	0. 0	0. 0

续表

	2020.12.31			2021.6.30		
	一组银行	G-SIBs	二组银行	一组银行	G-SIBs	二组银行
核心一级资本	0.0	0.0	0.0	0.0	0.0	0.0
附属一级资本	0.0	0.0	1.0	0.0	0.0	0.0
二级资本	0.0	0.0	0.0	0.0	0.0	0.0
TLAC短缺2022最低金额（欧元）	18.4	18.4		24.2	24.2	
杠杆率（%）	6.6	6.6	5.8	6.3	6.1	5.9
流动性覆盖率（%）	142.8	141.2	208.3	143.8	142.7	224.6
净稳定资金比例（%）	123.0	124.5	125.7	124.5	125.9	129.6
终版巴Ⅲ（2028）						
CET1 ratio（%）	12.8	12.7	14.5	12.7	12.5	15.2
目标资本短缺（欧元）	6.1	6.1	1.8	2.3	2.3	1.3
核心一级资本	0.0	0.0	0.6	0.0	0.0	0.4
附属一级资本	2.0	2.0	0.7	0.0	0.0	0.4
二级资本	4.1	4.1	0.6	2.3	2.3	0.5
TLAC短缺2022最低金额（欧元）	17.9	17.9		11.5	11.5	
杠杆率（%）	6.5	6.4	5.6	6.2	6.1	5.9

资料来源：Basel Committee on Banking Supervision, Basel Ⅲ Monitoring Report, Feb. 2022, p. 2, www. bis. org.

三、规则的一致性调整

为了确保2010版巴Ⅲ在全球范围得到更加一致的实施，巴塞尔委员会于2012年引入了监管规则一致性评估项目，主要用于监测成员方的规则实施进度，评估规则的一致性程度，并且分析规则的实施影响。该项目对成员方的规则实施情况进行评估和复审，其涵盖资本定义、信用风险、市场风险、操作风险、监督检查、信息披露等资本监管规则的全部内容。从巴塞尔评估小组自2012年至2013年期间对欧盟、美国、中国、日本、新加坡和瑞士六个成员方的评估报告来看，它们主要在以下两个方面存在明显的差异性规定。

其一，在资本定义方面存在差异性规定。

危机表明，不同国家或地区在监管资本定义上的不一致和缺乏透明度，导致市场不能充分评估和比较不同金融机构的资本质量。在讨论如何进一步明确2010版巴Ⅲ的监管资本定义时，英国与美国在危机重创之下希望进行更严格的限定，而法国和德国则建议确定更宽泛的定义和制定较低的监管资本标准。最终，2010版巴Ⅲ进一步提高了监管资本的质量和水平。从巴塞尔委员会公布的评估结果来看，欧盟的资本定义存在"实质性不符"（Materially Noncompliant），美国、瑞士和日本的资本定义则大体相符（Largely Complaint）。具体而言，欧盟资本要求规章没有明确规定由"普通股"构成一级资本，并且修改了普通股核心一级资本的14个标准里的3个标准，因而评估小组认为其资本定义存在"实质性不符"。美国2010年的小商业工作法令（Small Business Jobs Act，SBJA）以及2008年的紧急经济稳定法案规定，所发行的一些工具将在不限定的期限内被视为核心一级资本的工具，而这并非与2010版巴Ⅲ的资本定义相符。日本的不符规定主要涉及附属一级资本和二级资本工具的损失吸收以及对国家援助工具的差异性截止日期。瑞士修改了CET114个标准中的一些规定，评估小组认为其中存在五个不相符之处。由于我国严格以2010版巴Ⅲ为指引对监管资本进行了定义，强调了普通股的重要地位，调整了各项资本监管标准，因此评估小组给出了"相符"的结论。

其二，在风险加权资产方面存在差异性规定。

评估小组指出欧盟在信贷风险方面存在实质性不符，如欧盟内部评级法的"持久性的部分豁免"（Permanent Partial Exemption）仅适用于例外情况。[①] 就美国而言，除市场风险规定为相符外，其在信贷风险、交易对手信贷风险规则以及运营风险方面的规定为大体符合，而在信贷风

---

① 持久性的部分豁免是指银行可以在标准方法的基础上持久用风险权重某一风险暴露。Basel Committee on Banking Supervision，Basel Ⅲ Regulatory Consistency Assessment（Level 2）Preliminary Report：European Union，October 2012，p. 10。

险的资产证券化结构方面存在着实质性不符。[①] 相比而言，日本、瑞士和新加坡存在较少的差异性规定。日本在信贷风险的资产证券化结构和市场风险的测量方式方面存在不符规定。例如，日本的资产证券化结构主要是用于作为证券化而不是再证券化的风险敞口的处理。[②] 瑞士和新加坡在信贷风险的内部评级法方面有着差异性规定。[③] 巴塞尔评估小组认为新加坡金融监管局并未致力于推动内部评级法的采用，但未评定其为实质性不符。除此之外，我国和瑞士在信贷风险的标准方法的规定上都存在不符之处。表3－8显示出六个成员方与风险加权资产相关的差异性规定。

表3－8　成员方在风险加权资产方面的评估结果对比（2012—2013）

	中国	美国	欧盟	新加坡	瑞士	日本
信用风险：标准法	LC	(LC)	(LC)	LC	C	C
信用风险：内部评级法	C	(LC)	(MNC)	LC	LC	C
信用风险：证券法	C	(MNC)	(C)	C	C	LC
交易对手信用风险	C	(LC)	(LC)	C	C	C
市场风险：标准法	C	C	(LC)	C	C	LC
市场风险：内部模型法	C	C	(C)	C	C	C
操作风险：基本指标法和标准法	C	N/A	(LC)	C	C	C
操作风险：高级计量法	C	(LC)	(LC)	C	C	C

注：表中符号是指：C（符合），LC（大体符合），MNC（实质性不符）和NC（不符）。如果是在草案或在所建议规则上的评级用括号进行表示，如果是对最终监管规则的评级则不用括号。

资料来源：根据巴塞尔评估小组发布的RCAP评估报告整理而成。

---

① 美国的多德弗兰克法案（Dodd－Frank Act）禁止外部信用评估的使用，因此美国不采用内部评级法进行风险权重的计算。根据简化的监管准则方法（Supervisory Formula Approach, SS-FA）的规定，主要由标准风险权重和实际基础资产池的过期还款率来估算证券化风险暴露中的风险权重，而依此计算出的风险权重平均高于按照《Basel RBA》方法的计算结果。Basel Committee on Banking Supervision, Basel Ⅲ Regulatory Consistency Assessment (Level 2) Preliminary Report：United States of America, October 2012, p. 13, http：//www. bis. org.

② Basel Committee on Banking Supervision, Basel Ⅲ Regulatory Consistency Assessment (Level 2) Preliminary Report：Japan, October 2012, p. 8

③ Basel Committee on Banking Supervision, Basel Ⅲ Regulatory Consistency Assessment (Level 2) Preliminary Report：Singapore, March, 2013, p. 13.

监管规则一致性评估项目关注于成员方所实施的影响银行业稳健运营的差异性规则，其以"例外为本"来发布评估报告，因而不会十分清楚地描述成员方已经全面实施的监管规则。从上表可以看出，除美国和欧盟之外的四个成员在风险加权资产方面的规定是"相符"的。

表 3-9　成员方风险加权资产计算标准的差异数对比

评估项目		中国			美国			欧盟			印度			新加坡		
		N	M	P	N	M	P	N	M	P	N	M	P	N	M	P
信用风险	标准法	5	0	3	9	0	2	7	2	0	5	0	0	9	0	0
	内部评级法	0	0	0	—	—	4	14	2	0	9	0	0	2	0	0
	证券化结构	7	0	0	3	1	0	2	0	1	3	0	0	2	0	0
交易对手信用风险		0	0	0	15	1	0	1	1	0	1	0	0	1	0	0
市场风险	标准法	4	0	0	5	1	0	2	1	0	1	0	0	2	0	1
	内部模型法	1	0	0	4	0	0	2	0	0	1	0	0	0	0	0
操作风险	标准法/基本指标法	2	0	0	N/A	N/A	N/A	1	0	0	0	0	0	1	0	0
	高级计量法	0	0	0	9	1	0	3	0	0	0	0	0	N/A	N/A	N/A

注：表中符号是指：N（非实质性不符），M（实质性不符），P（潜在的不符），N/A（因成员方当局未实施导致其未被予以评估）。

资料来源：巴塞尔委员会近三年发布的监管规则一致性评估报告。

从上表可见，中国、印度和新加坡的规定不存在实质性不符，而美国有 4 处实质性不符。[1] 在信用风险的内部评级法方面，欧盟的非实质性不符达到 14 处之多。显然，成员方的差异性规则必定导致资本充足率在全球层面上不具有直接可比性。针对欧美在初次评估报告中存在的实质性不符，巴塞尔委员会催促它们进行修改，并且在后期评估中对资本监管规则的一致性程度进行复审。显然，定期的规则评估改进了风险权重的计量方法，减少了银行利用复杂规则转移风险的可能，促进了银行在计量标准方面的相似性。巴塞尔委员会在向 G20 提交的报告中指出，对成员方实施情

---

[1] Basel Committee on Banking Supervision, Regulatory ConsistencyAssessment Programme （RCAP) Assessment of Basel Ⅲ regulations, United States of America, Dec. 2014, P. 75 - 76.

况的评估，确实能极大促进它们的国内规章与 2010 版巴Ⅲ的一致性。① 巴
塞尔评估小组通过对成员方实施进展的定期评估和公布，对成员方施加了
无形的实施压力，以此促进资本监管规则得到更加一致的实施。

表 3 - 10 被评估成员方对资本监管新规则的积极调整

被评估国家	评估报告发布日期	在评估期间进行修改和澄清国内监管规章的数量（成员方）	总体评估等级
日本	2012 年 10 月	5	相符
新加坡	2013 年 3 月	15	相符
瑞士	2013 年 1 月	22	相符
中国	2013 年 9 月	90	相符
巴西	2013 年 12 月	42	相符
澳大利亚	2014 年 3 月	14	相符

资料来源：Basel Committee on Banking Supervision，Progress Report on Implementation of the Basel Regulatory Framework，April 2014，p. 22. Available at www. bis. org。

监管规则一致性评估项目的引入有助于巴塞尔委员会判断成员方的资
本监管规则的一致性程度，也有助于成员方及时发现自身在规则实施方面
存在的问题。表 3 - 10 显示出成员方在评估过程中修改和澄清国内监管规
章的数量。2013 年初，巴塞尔评估小组对我国的资本监管规则进行了评
估，整个过程经历了银监会自我评估、非现场评估、现场评估和后续审核
4 个阶段。我国资本监管规则与 2010 版巴Ⅲ一致性的评估报告于 9 月份发
布。银监会在配合评估工作的过程中，于 2013 年 7 月发布了《关于印发商
业银行资本监管配套政策文件》的通知，并且分别公布了《中央交易对手
风险暴露资本计量规则》《关于商业银行资本构成信息披露的监管要求》
《关于商业银行实施内部评级法的补充监管要求》和《资本监管政策问答》
等 4 个资本监管配套政策文件。

在历时九个月的评估期间，我国修改和澄清了 90 个国内监管规章，明
确了一些原则性的资本监管规定。巴塞尔评估小组对我国的相关规定给出

① Basel Committeeon Banking Supervision，Report to G20 Leaders on Monitoring Implementation of Basel Ⅲ Regulatory Reforms AUG. 2013，p. 6.

了积极正面的评价，认为资本监管规则体现了我国银行业的自身特点，但又紧密遵循了 2010 版巴 Ⅲ 的监管要求，因而总体评估结论为"符合"。在资本监管框架的 14 个组成部分中，12 项被评为"符合"，2 项被评为"大体符合"。值得注意的是，评估小组指出我国的资本监管标准要高于 2010 版巴 Ⅲ 的要求。[①]

四、规则的调整路径

优质的监管资本是金融机构促进业务增长和防范经营风险的保障。巴塞尔规则的灵活性在于其分阶段的过渡期安排，利于成员方根据自身的银行业发展现状，进行相应的规则调整来逐步达到既定的监管目标。作为巴塞尔委员会的成员方，我国以积极的态度实施和调整着资本监管规则。2012 年 6 月，银监会以 2010 版巴 Ⅲ 为指引正式出台了《商业银行资本管理办法（试行）》（以下简称《办法》），并于 2013 年 1 月 1 日起实施。该《办法》通过统筹推进的方式整合了《巴塞尔协议 Ⅱ》和 2010 版巴 Ⅲ 的相关规定，确定了趋严的资本监管规则。

（一）尽可能确保规则实施的一致性

不同国家对 2010 版巴 Ⅲ 的不同程度的实施，会在全球银行监管层面上产生不公平竞争的局面。显然，全球统一的资本监管规则的形成，有助于避免或减少跨境监管套利行为的发生，但这需要各方在达成共识基础上的相互配合与协调。通过监管规则一致性评估程序的采取，巴塞尔委员会促进着成员方在资本监管规则方面的同步实施，这令全球化经营的银行能够遵循更一致的规则与标准。

银监会发布的《办法》采取统筹推进的方式，整合了《巴塞尔协议Ⅱ》和 2010 版巴 Ⅲ 在风险加权资产计算方面的核心要求，扩大了风险的覆盖范围。我

---

① Basel Committee on Banking Supervision, Basel Ⅲ regulatory consistency assessment（Level 2）Preliminary report: China, Sep. 2013, p. 21.

国银监会专门成立实施工作领导小组，并建立跨部委协调机制和商业银行高层沟通机制，致力于解决资本监管规则在实施过程中出现的重大问题。从实施的激励上来看，如果银行未达到最低资本要求，其会被视为严重违规和出现重大风险事件，并受到相应的限制和处罚。

2011 年 11 月 4 日，金融稳定理事会根据巴塞尔委员会确定的 G - SIBs 名单，在法国戛纳公布了 29 家全球系统重要性金融机构（G - SIFIs）的名单，其中 25 家金融机构的总资产和一级资本分别占全球 1000 家大银行的 44% 和 41%。在亚洲地区，仅有日本和中国入选，中国银行成为新兴市场国家唯一入选的金融机构。2015 年 11 月，金融稳定理事会更新了全球系统重要性银行名单，将建设银行选入其中。亚洲共有七家银行被选，四大国有银行都在名单之内。2016 年 1 月，我国 G - SIFIs 正式进入 1% 附加资本的计提过渡期，同时中止 2014 年实施的 TLAC（总损失吸收资本）要求中对新兴市场国家大型银行的豁免条款，这意味着它们将额外承担总损失资本要求。从中可见，被选为全球系统重要性银行的代价是高昂的。

表 3 - 11　国内商业银行的资本充足率达标对比①

资本充足率：%

| 年份 | 全球系统重要性银行 | | | | 国内系统重要性银行 | | | | | | | 其他银行 | |
	中国银行	工商银行	建设银行	农业银行	交通银行	中信银行	兴业银行	光大银行	浦发银行	招商银行	平安银行	南京银行	宁波银行
2013 年底	13.47	13.31	13.88	11.86	12.08	11.24	10.83	10.57	10.97	10.97	9.90	12.90	12.06
2014 年底	14.38	14.29	14.71	12.82	14.04	12.33	11.29	11.21	11.33	11.33	10.86	12.00	12.40
2015 年底	14.45	14.75	15.43	13.40	13.49	11.87	11.19	11.87	12.29	11.91	10.94	13.11	13.29
2016 年第一季度	14.43	14.67	15.55	13.11	13.39	11.39	11.34	11.61	12.10	12.12	11.61	13.15	12.39

数据来源：国内商业银行（集团）近三年发布的年报和资本充足率报告。

注：由于有的商业银行在 2013 年采用非高级方法计算，2014 年和 2015 年用高级方法计算，相关数据不具直接可比性，仅供研究参考。

---

① 当时，由于我国没有发布国内系统重要性银行的划分标准，表内银行名单暂时依据《商业银行全球系统重要性评估指标披露指引》选定。

从表 3 - 11 可见，四大国有银行在 2016 年的资本充足率有所下降。从中国银行的发展变化来看，自它 2010 年入选为 G - SIBs 之后，不良贷款率连续四年攀升。2016 年第一季度的拨备覆盖率降至 149.07%，首次跌破监管红线。通过对比 2014 年年报数据，可以发现中国银行的资本充足率比美国摩根大通还要高。它按照高级方法计算的核心一级资本充足率、一级资本充足率和总资本充足率分别为 10.2%、11.6% 和 13.1%，而中国银行的相关数据分别为 10.61%、11.35% 和 13.87%。在信贷资产规模增速乏力和息差收窄的背景下，四大国有银行的利润步入了下行通道，但是要达到更高的资本充足标准，这成为它们在全球化竞争过程中面对的极大挑战。

2021 年 10 月，我国央行发布《全球系统重要性银行总损失吸收能力管理办法》，明确我国 TLAC 监管规则的必要措施。根据规定，认定后的系统重要性银行应分组适用不同的附加资本要求。因此，属于第四组的工商银行、农业银行、中国银行和建设银行应该适用 1% 的附加资本要求。值得注意的是，如果银行同时被认定为全球系统重要性银行和国内系统重要性银行，附加资本要求不叠加，而是遵循二者孰高原则。根据 FSB 于 2021 年 11 月发布的最新 G - SIBs 名单，中国银行、工商银行和建设银行应该适用 1.5% 的附加资本要求。从 2025 年开始，我国 G - SIBs 的缓冲资本与 TLAC 规模需要达到风险加权资产的 19.5% ~ 20%，TLAC 杠杆率需达到 6%。从静态测算结果可以看到，四大银行的 TLAC 风险资产比率距离 16% 的监管要求均有一定差距，TLAC 缺口总计约 1.81 万亿元，平均每年需弥补缺口 6035.26 亿元。

表 3 - 12　四大银行 TLAC 缺口总计

		中国银行	中国工商银行	中国建设银行	中国农业银行
资本充足率	核心一级资本充足率	11.30%	13.31%	13.59%	11.44%
	一级资本充足率	13.32%	14.94%	14.14%	13.46%
	资本充足率	16.53%	18.02%	17.85%	17.13%

续表

		中国银行	中国工商银行	中国建设银行	中国农业银行
缓冲资本比率	储备资本	2.50%	2.50%	2.50%	2.50%
	逆周期资本	0.00%	0.00%	0.00%	0.00%
	G-SIBs 附加资本	1.50%	1.50%	1.50%	1.00%
分子项计算	TLAC 风险加权比率（资本充足率，缓冲资本比率）	12.53%	14.02%	13.85%	13.63%
	风险加权资产（亿元）	163237.13	216903.49	182158.93	178495.66
	分子项	20453.61	30409.87	316708.93	24328.96
TLAC 杠杆率计算	调整后的表内外资产余额（亿元）	284253.77	372925.22	316708.93	306785.96
	TLAC 杠杆率	7.20%	8.15%	7.97%	7.93%
TLAC 缺口测算	2025 年 TLAC 风险加权比率要求	16%	16%	16%	16%
	TLAC 风险加权比率缺口	3.47%	1.98%	2.15%	2.37%
	TLAC 缺口（亿元）（TLAC 风险加权比率缺口×风险加权资产）	5664.33	4294.69	3916.42	4230.35
	TLAC 缺口总计（亿元）	18105.78			

资料来源：各银行2021年年报，海通证券研究所测算，上述计算未考虑存款保险基金可抵扣部分。

海通证券的测算结果显示，2022—2024 年，我国四大 G-SIBs 的 TLAC 缺口分别为 1.93 万亿元、2.26 万亿元、2.62 万亿元。银行距达标 TLAC 监管要求尚有一定距离，若后续我国有更多的银行被识别为 G-SIBs，则资本补充压力将进一步加大。

表 3-13　四大银行 TLAC 缺口动态测算

		2021 年	2022 年	2023 年	2024 年
中国银行（假设风险加权资产增速8.04%）	一级资本充足率	13.32%	13.09%	12.95%	12.77%
	资本充足率	16.53%	16.03%	15.65%	15.24%
	TLAC 风险加权比率	12.53%	12.03%	11.65%	11.24%
	TLAC 风险加权比率缺口	3.47%	3.97%	4.35%	4.76%
	风险加权资产（亿元）	163237.13	176361.40	190540.85	205860.34
	TLAC 缺口（亿元）	5664.33	7001.55	8288.53	9798.95

续表

		2021 年	2022 年	2023 年	2024 年
中国工商银行（假设风险加权资产增速7.78%）	一级资本充足率	14.94%	15.03%	15.18%	15.32%
	资本充足率	18.02%	17.89%	17.85%	17.81%
	TLAC 风险加权比率	14.02%	13.89%	13.85%	13.81%
	TLAC 风险加权比率缺口	1.98%	2.11%	2.15%	2.19%
	风险加权资产（亿元）	216903.49	233778.58	251966.56	271569.55
	TLAC 缺口（亿元）	4294.69	4932.73	5417.28	5947.37
中国建设银行（假设风险加权资产增速9.07%）	一级资本充足率	14.14%	14.86%	15.02%	15.16%
	资本充足率	17.85%	18.44%	18.34%	18.24%
	TLAC 风险加权比率	13.85%	14.44%	14.34%	14.24%
	TLAC 风险加权比率缺口	2.15%	1.56%	1.66%	1.76%
	风险加权资产（亿元）	182158.93	199828.35	219211.70	240475.23
	TLAC 缺口（亿元）	3916.42	3117.32	3638.91	4232.36
中国农业银行（假设风险加权资产增速5.06%）	一级资本充足率	13.46%	13.74%	13.63%	13.53%
	资本充足率	17.13%	17.22%	16.85%	16.49%
	TLAC 风险加权比率	13.63%	13.72%	13.35%	12.99%
	TLAC 风险加权比率缺口	2.37%	2.28%	2.65%	3.01%
	风险加权资产（亿元）	178495.66	187527.54	197016.43	206985.47
	TLAC 缺口（亿元）	4230.35	4275.63	5220.94	6230.26
TLAC 缺口总计（亿元）		18105.78	19327.23	22565.66	26208.95

资料来源：各银行2021年年报，海通证券研究所测算，上述计算未考虑存款保险基金可抵扣部分，2022—2024年为预测数据。

2022 年 7 月 1 日，在银保监会官网发布的《中国银保监会 2022 年规章立法工作计划》中，列示了《商业银行资本管理（试行）》（以下简称《资本办法》）的修订工作，这标志着"国内版新巴塞尔协议 III"（以下简称"新巴 III"）的出台指日可待。2010 版巴 III 不具有强制实施的约束力，一国不存在与其进行完全或超高标准"接轨"的压力。我国监管当局应该立足于银行业的发展现状，在过渡期内对差异性的规则进行相应的调整，从而在国际接轨和自我保护之间寻求有效监管的平衡，尽可能确保资本监管规则得到更一致的实施。

（二）保持同步的实施进度

具有"软"法性质的 2010 版巴Ⅲ规定了六年的实施过渡期，这使成员方可以在较长的一段时间内，结合银行业的具体发展状况进行规则的实施与调整。当然，这将会导致各国或地区在规则实施进度上的不同步。例如，墨西哥为了银行业的稳定而提前采取了资本监管新标准。美国由于危机所致的经济衰退而推迟 2010 版巴Ⅲ的实施。随着美国经济的持续增长和金融市场状况的改善，美联储于 2013 年 7 月 2 日宣布 2010 版巴Ⅲ在美国的实施，欧盟也于 2013 年 7 月 1 日公布了与 2010 版巴Ⅲ相匹配的法规。显然，我国与欧美国家在 2010 版巴Ⅲ的实施进度上是不同步的。

表 3 - 14　中国实施资本监管规则的进度

资本监管规则	实施最后期限	实施进展	备注
逆周期资本缓冲（CCyB）	2016.1	4；1	2013 年 1 月起生效
非中央结算衍生工具的保证金规定	2016.9	1	正在制定规则草案
中央交易对手的资本要求	2017.1	1	同上
SA - CCR	2017.1	1	同上
证券化框架	2018.1	4	最终规则于 2018 年 1 月公布，并于 2019 年 1 月生效
持有总损失吸收能力（TLAC）	2019.1	1	规则草案在征求意见
修改的信用风险标准法	2023.1	1	在进行中
修改的信用风险 IRB 法	2023.1	1	同上
修改的 CVA 框架	2023.1	1	同上
修改的市场风险最低要求	2023.1	1	同上
修改的市场风险框架	2023.1	1	同上
资本底线	2023.1	1	同上

注：1 = 未发布规则草案；2 = 发布规则草案；3 = 发布最终规则（银行没实施）；4 = 规则生效（银行已经实施）；na = 不适用

资料来源：Basel Committee on Banking Supervision Implementation of Basel standards, A report to G20 Leaders on implementation of the Basel Ⅲ regulatory reforms November 2020, Bank for International Settlements, 2020.

2019 年，银监会启动了《资本办法》的修订工作，并在近两年组织部分银行开展了多轮定量测算工作。国内多数大型银行已按照 2023 年 1 月 1 日的生效时间开展了实施准备工作。面对瞬息万变的金融市场，实施的资本监管规则往往会落后于现实的监管需求。对于具有软法性质的规则，一国监管当局有必要跳出传统"硬"性监管的规则实施套路，有必要与其他成员保持同步的实施进度，避免提高标准或提前实施，从而有利于金融机构的全球拓展和公平竞争。

（三）适度的调整资本监管规则

全球金融体系的运行是瞬息万变的，金融安全的状态不是一成不变的，更不是一个时点上的安全。"风险为本"的监管理念强调持续的风险评估，从而对风险暴露最突出的机构进行重点监管。原中国银监会主席尚福林曾在国际监管联席会议上强调，银监会要积极参与国际金融监管组织关于系统重要性银行监管规则、监管标准和监管要求的制定，要全面加强对系统重要性银行的监管，大力推进国际金融监管合作。从 2009 年开始，银监会对大型银行提出了 1% 的系统重要性附加资本的要求。依据《办法》的规定，我国银行应自 2013 年开始实施资本监管规则。因此，非系统重要性银行在 2018 年底的总资本充足率需要达到 10.5%，一级资本充足率要达到 8.5%，核心一级资本充足率要达到 7.5%。系统重要性银行的资本充足率需要达到 11.5%，一级资本充足率要达到 9.5%，核心一级资本充足率要达到 8.5%（见表 3 - 15）。

表 3 - 15　《办法》的资本充足率指标

	非系统重要性银行			系统重要性银行		
	核心一级资本充足率	一级资本充足率	总资本充足率	核心一级资本充足率	一级资本充足率	总资本充足率
2013 年底	5.0%	6.5%	8.5%	6.5%	7.5%	9.5%
2018 年底	7.5%	8.5%	10.5%	8.5%	9.5%	11.5%

从表 3-15 可以看出，我国不仅遵循了 2010 版巴Ⅲ的相关规定，而且还提高了资本监管指标。一般而言，国内非系统重要性银行在人力、技术和资本上存在着明显的弱势，它们可能在衍生品和证券化的产品方面涉足较少，严格的资本监管要求可能会影响此类银行的业务拓展能力。2020年，国内 7 家银行资本充足率均达到监管标准，其中无锡银行资本充足率最高，为 15.21%，重庆银行最低为 12.54%。美版巴Ⅲ对中小银行设置了豁免权，即总资产少于 50 亿美元的小型银行不予适用，它们仅需要达到《巴塞尔协议Ⅰ》的标准。对于这种做法，我们可以加以借鉴。对于国内风险暴露不突出的银行，可以要求它们实施较低要求的资本监管规则，减轻它们的资本补充压力。

2021 年 10 月，首批 19 家国内系统重要性银行名单出炉。同时，《系统重要性银行附加监管规定》也一并发布。这意味着入选名单的银行需从中长期发展角度，为补充核心资本进行筹谋。2021 年 12 月 1 日施行的《系统重要性银行附加监管规定》对资本管理和风险处置能力的要求更高，虽然当前入选的银行均满足附加资本要求，无须立即补充资本。面对突如其来的新冠肺炎疫情，资本短缺可能会对银行未来的发展造成制约。我国监管当局有必要慎重对待资本监管规则的实施问题，密切关注主要成员方的资本监管新动向，并且立足于我国银行业的发展现状，以风险为本对相关规则进行及时的适度调整。

第二节　流动性规则的动态调整

流动性风险的存在会放大资产价格波动，从而引起系统性金融风险的可能性。在趋严的监管环境影响下，银行所采取的措施也可能会背离监管的初衷。一旦银行难以满足一时的流动需求，就可能出现流动性危机。为了提高银行体系抵御风险的能力，巴塞尔委员会采取一系列改革措施强化了流动性监管。

一、流动性监管标准

2008 年国际金融危机的困惑之处在于局部的流动性危机引发了全球性的金融危机，并对实体经济产生毁灭性的打击，由此引起了学术界和金融界的深刻反思，促使巴塞尔委员会注重流动性监管规则的实施。2008 年 12 月，巴塞尔委员会发布了《流动性风险计量、标准和监测的国际框架》，要求监管当局加强流动性风险的监管。2010 年，它发布了《Basel Ⅲ：流动性风险测量的国际框架，标准和监测》，首次在全球范围内统一流动性风险的监管标准，采纳了流动性覆盖率（LCR）和净稳定资金比例（NSFR）。

（一）短期监管标准

流动性覆盖率（Liquidity Coverage Ratio，LCR）是用来确定在监管当局设定的短期严重压力情景下，单个银行所持有的优质流动性资产的数量能否存续到 30 日。这种严重压力状态包括信用评级显著下降、金融体系承压、部分融资渠道消失、部分存款流失（无担保融资）、担保融资显著缩减、衍生品抵押追加、表外风险暴露和发生高额提款要求等情况。LCR 是为了衡量机构在监管部门设定的严重压力状态下是否拥有足够的优质流动性资源来应对短期流动性风险。流动性覆盖率是优质流动性资产（分子）与未来 30 日的现金净流出量（分母）的比值。分子为单个银行在规定的压力情景下，由足以覆盖未来 30 日资金净流出量的且无变现障碍的资产组成。分母是指在特定的压力情形下，未来 30 日内的预期现金流出总量减去预期现金流入总量之差。这与我国银监会 2009 年 10 月《商业银行流动性风险管理指引》中提到的压力情境下的最短生存期不得低于 1 个月相一致。

2013 年 1 月，巴塞尔委员会针对流动性覆盖率发布了修改文件，对相关标准进行了调整。例如，在分子项"合格优质流动性资产"中增加了股票投资等，并增加了一些 2B 级资产。根据安排，巴塞尔成员方应该在 2013 年中期完成流动性覆盖率的监测，于 2015 年 1 月 1 日起正式采用。考虑到信贷投放和经济增长标准等因素，都可能影响到流动性覆盖率的采纳，巴塞尔委员会决定推迟原定的实施时间，即只要在 2015 年达到 60% 就算合格，此后每年会增加 10%，到 2019 年完全达标。

（二）长期监管标准

净稳定资金比例（Net Stable Funding Ratio，NSFR）是对流动性覆盖率指标的补充，其目的在于防止银行在市场繁荣、流动性充裕时期过度依赖批发性融资。净稳定资金比例可用稳定资金与业务所需的稳定资金之比。分母是指在持续存在的压力情景下，银行在 1 年内能够保证稳定的权益类和负债类资金来源，是用银行所持有的资产价值与该类资产特定的稳定资金需求系数相乘得出的加权平均总和。它估算的是在持续一年的流动性紧张环境中无法通过出售或抵押而变现的资产数量。这部分资产需要用分子"银行可用的稳定资金"来支持。分子是将银行的权益和负债的账面价值乘以相对应的 ASF 系数得出的加权平均总和。银行可用的稳定资金的计算包括：（1）资本；（2）期限超过 1 年的优先股；（3）有效期限在 1 年或 1 年以上的债务；（4）"稳定"的无确定到期日的存款和/或期限小于 1 年但在银行出现极端压力事件时仍不会被取走的定期存款。为了弥补传统方法对表外资产潜在流动性风险的忽视，巴塞尔委员会要求在运用 NSFR 方法计算时，应包括所有缺乏流动性的资产和证券。按照要求，净稳定资金比例的标准均应不低于 100%。由于仍在试测算阶段，巴塞尔委员会不断根据各试点银行的结果更新数据口径、系数和测算规则。

流动性覆盖率和净稳定资金比例是动态的监管标准，前者有助于提高银行应对短期资金压力的能力，后者则有助于银行提高应对长期流动性风险的能力。通过引入压力情景假设，它们能够更动态和前瞻地反映银行短期及中长期流动性风险情况，能够更全面反映银行资产负债结构差异对流动性的影响。与存贷比相比，流动性覆盖率和净稳定资金比例能够更灵活地体现监管导向。另外，2010 版巴Ⅲ还规定了五种辅助监测工具包括合同期限错配、融资集中度、可用的无变现障碍资产、重要货币的流动性覆盖率和市场有关的监测工具。有助于监管当局掌握银行现金流、资产负债结构和可用的无变现障碍抵押资产等信息，可以实现对银行流动性风险敞口的持续监测，进一步提高了流动性风险监管的有效性。

表 3 - 16 主要成员方关于日内流动性管理的监测性工具的规则实施进度

成员方	规则的实施安排（2020 年 7 月前）
阿根廷	4：最终规则于 2016 年 11 月 30 日发布
澳大利亚	4：2015 年 1 月前实施
巴西	4：2012 年发布最终规则，自 2013 年 1 月起生效
加拿大	4：2014 年 11 月发布了最终规则
中国	1：在制定最终规则的过程中
中国香港特区	4：2015 年 1 月前实施
印度	4：最终规则自 2014 年 11 月 3 日起生效
印度尼西亚	4：该条例于 2015 年 12 月发布，自 2016 年 1 月起生效
日本	1
韩国	1：草案在制定过程中
俄罗斯	4：流动性的规则于 2015 年 12 月发布，自 2016 年 1 月起生效
新加坡	4：最终规则于 2017 年 7 月 10 日发布，自 2018 年 1 月 1 日起生效
美国	4：2017 年综合流动性评估和审查（CLAR）证实了美国的全球系统重要性金融机构有实施国际规则的能力
欧盟	4：欧盟法规（2013/36/EU 指令第 86 条）规定，金融机构应制定关于采用巴塞尔监管框架识别、衡量、管理和监测流动性风险稳健运营的相关政策和流程

注：数字表示：1 = 规则草案还未发布；4 = 最终规则生效。

资料来源：Basel Committee on Banking Supervision Implementation of Basel standards，A report to G20 Leaders on implementation of the Basel Ⅲ regulatory reforms November 2020，Bank for International Settlements，2020。

二、规则的推行与调整

研究表明，监管新规则会降低流动性危机爆发的概率及其对整个经济的影响。那么，现行的标准是否确实有效呢？至今还没有一个能够用于全面且准确衡量流动性风险的标准，这意味着巴塞尔委员会需要进行不断的规则调整来满足一国或地区的监管需求。

（一）规则的实施影响

根据 2010 版巴Ⅲ的规定，流动性覆盖率和净稳定资金比例这两个标准自 2011 年开始进入实施观察期。巴塞尔委员会将监测流动性监管标准对不同规模的银行业金融机构及不同层面业务的影响。

其一，对于流动性覆盖率的实施影响，巴塞尔委员会在发布 2010 版巴Ⅲ的时候，就承诺要在观察期内评估并且监测其对信贷、金融市场和经济增长所产生的效用。在必要的时候，巴塞尔委员会会进一步调整 LCR 的不合理之处。对于流动性覆盖率的调整，巴塞尔委员会原定于 2013 年中期完成，于 2015 年 1 月 1 日起正式采用。批评者指出 2010 年的流动性监管规则过于严格，因而会导致一些金融机构减少向企业和零售客户的贷款。截至 2013 年 12 月 31 日，有 101 家一组银行和 115 家二组银行提供了流动性覆盖率数据，用于巴塞尔委员会针对修改的流动性标准进行相应的测算和评估。从图 3-4 可以看出，二组银行的中值线（156.1%）高于一组银行和全球系统重要性银行，它们均为 118%。从表 3-17 来看，二组银行的最高值为 400%，高于一组银行的 358.4%，而全球系统重要性银行为 170%。巴塞尔委员会在报告中指出，一组银行则达到 132%。与 6 月 30 日的数据相比，一组银行的流动性覆盖率高出 5 个百分点，而二组银行保持不变。[①]

---

① Basel Committee on Banking Supervision, Basel Ⅲ Monitoring Report, Sep. 2014, p. 23. www. bis. org.

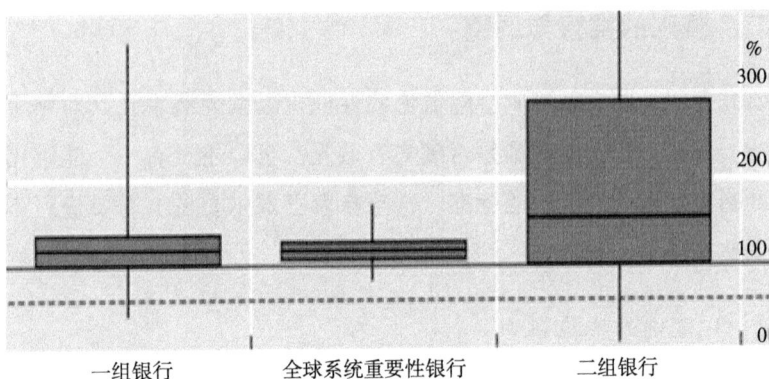

一组银行　　　　全球系统重要性银行　　　　二组银行

注：中值线为图中盒形中的水平线，会出现50%数值的下移。图中垂直线的两端代表整个样本的数值范围。样本以400%为最高，即LCR超过400%的所有银行都认定为400%的数值。图中的黑色虚线表示2015年的60%合格值，黑色的长实线表示2019年的100%达标值。

图 3 - 4　银行业金融机构的流动性覆盖率变化（2013）

（资料来源：Basel Committee on Banking Supervision,

Basel Ⅲ Monitoring Report, Sep. 2014, p. 24, www. bis. org.）

测算结果显示出 76% 的银行达到或超出了 100% 的流动性覆盖率要求，92% 的银行达到 60% 的最低要求，而 6 月 30 日达到 100% 和 60% 的流动性覆盖率要求的银行分别占 72% 和 91%。从中可见，巴塞尔委员会推行的流动性覆盖率正得到全球银行业的普遍采纳。当然，有学者认为该标准仍存在设计的漏洞和缺陷，可能会导致道德风险问题的出现。[①]

2021 年 7 月 6 日，巴塞尔委员会发布《巴塞尔改革支撑了新冠肺炎疫情影响》的研究报告，指出目前为止银行所持资本和流动性的质量及水平的提高，帮助它们吸收了新冠肺炎大流行相当大的一部分影响，这表明巴塞尔规则已经实现了增强银行体系韧性的广泛目标。2022 年 2 月，巴塞尔委员会发布了最新的《巴塞尔协议 Ⅲ 监测报告》，其中指出有 7 家第一组银行的 LCR 低于 100%，因此出现了 274 亿欧元的缺口（即优质流动资产

---

① 巴曙松、尚航飞、朱元倩：《巴塞尔Ⅲ流动性风险监管的影响研究》，载《新金融》2012年 11 月，第 44 页。

一组银行　　　　　全球系统重要性银行　　　　　二组银行

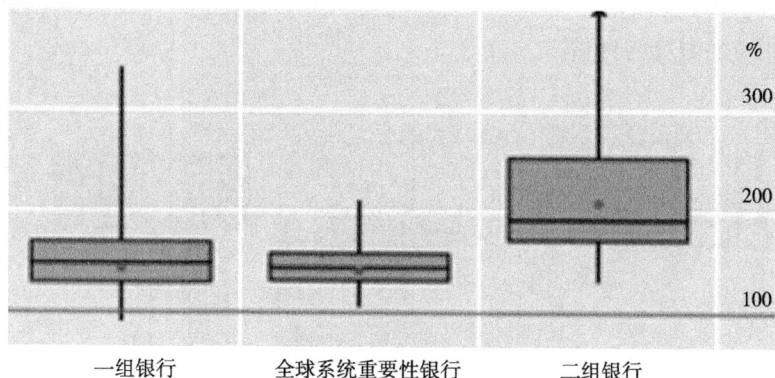

注：中值线由水平线表示，50%的值落在图中盒形所示的25%至75%范围内。细垂直线的上端和下端点显示了整个样本的范围。在某些情况下，垂直线顶部的箭头行表示流动性覆盖率超出图表所示范围的银行。样本上限为400%，这意味着所有银行的LCR高于400%时，就认定为400%的数值。水平线表示100%最小值（自2019年1月1日起适用）。

图3－5　银行业金融机构的流动性覆盖率变化（2021）

（图表来源：Basel Committee on Banking Supervision，

Basel Ⅲ Monitoring Report，Sep. 2021，p. 87，www. bis. org. ）

与现金净流出之间的差额）。① 第一组银行的加权平均LCR上升了1个百分点，由2020年12月底的142.8%上升至2021年6月底的143.8%。第二组银行的加权平均LCR上升了16.3个百分点，由2020年12月底的208.3%上升至2021年6月底的224.6%。这是由在Covid－19大流行期间使用LCR准备金的银行推动的，所有第二组银行报告的LCR远远高于100%的最低要求。

其二，对于净稳定资金比例的实施影响，巴塞尔委员会公布了修订后的NSFR征求意见稿，相关条款比2010版巴Ⅲ更为宽松，截止日为2014年4月11日。巴塞尔委员会定在2016年中期完成对所提建议的修改，于2018年1月1日起正式采用。截至2013年12月31日，101家一组银行和

---

① Basel Committee on Banking Supervision, Basel Ⅲ Monitoring Report, Feb. 2022, p. 87, www. bis. org.

107 家二组银行提供了相关数据，用于巴塞尔委员会针对净稳定资金比例进行相应的测算与评估。

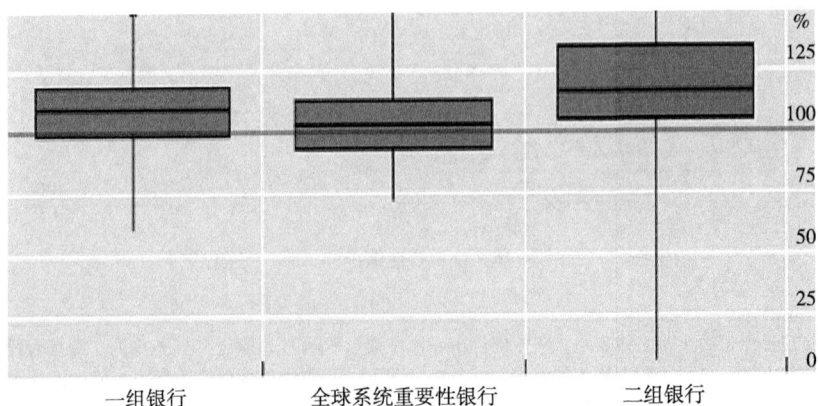

注：中值线为图中盒形中的水平线，会出现50%数值的下移。图中垂直线的两端代表整个样本的数值范围。超过150%以上的净稳定资金比率的银行在计算范围之内，但没有显示在图中。长黑线表示100%的最低净稳定比例要求。

图3-6 银行业金融机构的净稳定资金比例变化

（资料来源：Basel Committee on Banking Supervision，

Basel Ⅲ Monitoring Report，Sep. 2014，p. 28，www. bis. org.）

从表3-17可以看出，二组银行的中值线（116.5%）高于一组银行（109.6%）和全球系统重要性银行（103.1%）。根据测算结果，一组银行和二组银行的净稳定资金比例平均值为111%，全球系统重要性银行为107.6%。研究结果显示，已经达到或超出100%最低净稳定资金比例的一组银行占比72%，二组银行占比83%，而达到或超出90%最低净稳定资金比例的一组银行占比86%。①

---

① Basel Committee on Banking Supervision，Basel Ⅲ Monitoring Report，Sep. 2014，p. 27，www. bis. org.

表3-17 流动性覆盖率和净稳定资金比例　　　　　单位：%

	流动性覆盖率			净稳定资金比例		
	一组银行	G - SIBs	二组银行	一组银行	G - SIBs	二组银行
最高值	358.4	170.1	400.0	174.1	149.6	529.4
75%	136.1	128.2	290.3	118.3	112.7	134.7
中值	118.3	118.0	156.1	109.6	103.1	116.5
25%	101.2	107.6	101.0	109.6	103.1	116.5
最低值	43.0	83.2	10.5	60.9	72.6	7.2
平均值	119.2	121.9	131.8	111.1	107.6	111.7

资料来源：Basel Committee on Banking Supervision, Basel Ⅲ Monitoring Report, Sep. 2014, p. 43, www. bis. org.

从表3-17可以看出，二组银行的净稳定资金比例的最高值为529.4%，远高于一组银行（174.1%）和全球系统重要性银行（149.6%）。巴塞尔委员会在监测报告中指出，样本银行在2013年底存在7890亿欧元的资金缺口，此数据仅针对没有达到100%净稳定资金比例的银行。值得注意的是，对银行业金融机构流动性的分析，不能简单地相加流动性覆盖率和净稳定资金比例的缺口，因为降低一个监管标准的缺口可能有助于另一个标准缺口的降低。总体而言，巴塞尔委员会对流动性监管标准的调整突出了以下变化：一是允许监管当局在面对压力时使用流动性缓冲，也允许银行即使在低于最低比率时使用该缓冲。有学者指出此种方法一是能够让金融机构在出现流动性危机时使用流动性缓冲资本；二是放宽范围；三是改变既定假设，以便现金流入流出更好地反映时间压力的作用；四是实施时间安排被修订。

基于截至2021年6月30日的全球172家样本银行的数据（其中包括110家在国际上活跃的大型银行，被称为"第一组"银行；以及全部30家全球系统重要性银行及62家其他银行，被称为"第二组"银行），巴塞尔委员会对关键指标进行评估和分析。从2022年2月发布的《监测报告》

来看，第一组银行的平均流动性覆盖率由 142.8% 上升至 143.8%，平均净稳定资金比例由 123% 上升至 124.5%。对于第二组银行，NSFR 也有所增加，LCR 再次大幅增加超过 15 个百分点。[①] 研究显示，2010 版巴Ⅲ框架下的各项指标较次贷危机前后有显著改善。

（二）主要成员方的规则调整

在巴塞尔委员会的准行之下，成员方在 2008 年金融危机之后开始调整自身的流动性监管规则，它们对流动性比率和相似的定量监管标准的采取，意味着对原有流动性监管规定的突破。在具体的实施进度上，尽管巴塞尔委员会试图让一国监管当局完全采纳 2010 版巴Ⅲ的流动性监管标准，但各国或地区在进行具体的国内法转化过程中，仍进行着差异性的规定。

2009 年，欧盟银行监管委员会向欧盟委员会提出了关于流动性风险管理的 30 项原则性建议。2014 年 10 月，欧盟委员会发布了关于流动性覆盖率的授权法案，正式将其作为银行资本充足率监管（CRR）的一部分。英国和瑞士于 2010 年引入了流动性监管规则。瑞士瑞信银行指出欧元区内大型综合性银行集团（LCBGs）在 2009 年的六年前，就已经达到甚至超过了现行的流动性监管要求。然而，欧元区内一些大型银行业金融机构对流动性覆盖率持敌视态度，因为此标准不利于银行的盈利。2014 年 9 月，美国联邦储备委员会（FED）、联邦存款保险公司（FDIC）以及货币监理署（OC）联合确定并公布了一项流动性新规，首次为大型银行以及国际较活跃的银行机构设定了一个最低的流动性标准要求，即用流动性覆盖率来衡量银行的流动性资产是否充足，要求美国大型银行金融机构掌握足够的优质流动性资产以提升短期内抗击风险的能力。流动性覆盖率主要适用于所有总资产超过 2500 亿美元的金融机构，而总资产低于 500 亿美元的金融机

---

① Basel Committee on Banking Supervision, Basel Ⅲ Monitoring Report, Feb. 2022, p. 2, www. bis. org.

构却不受此规则约束。与此同时，该规则与 2010 版巴Ⅲ中有关流动性覆盖率的规定相一致，但在某些领域更加严格，包括更短的政策执行过渡期。根据要求，它从 2015 年 1 月 1 日起生效，所有银行在 2017 年 1 月 1 日后完全达到流动性覆盖率要求。

表 3－18　主要成员方的规则实施完成对比

巴塞尔标准	最终时间	CH	US	EU	JP	RU	CN	ID	KR	AR	AU	BR	CA
日内流动性管理的监测工具	2015.1	1	1	1	3	1	3	1	3	1	1	1	1
净稳定资金比例	2019.1	2	2	1	2	1	1	1	1	1	1	1	1

注：1＝完成实施；2＝实施在进行中（发布规则草案）；3＝未开始实施（未发布规则草案）；na＝不适用。

资料来源：Basel Committee on Banking Supervision Implementation of Basel standards, A report to G20 Leaders on implementation of the Basel Ⅲ regulatory reforms November 2020, Bank for International Settlements, 2020.

近年来，银监会广泛调研和深入分析我国银行业在流动性风险管理方面存在的问题，借鉴 2010 版巴Ⅲ中的流动性监管标准，对现有的相关规则进行了梳理、补充和修改，确定了适用范围和过渡期安排。2014 年 2 月，银监会发布了《商业银行流动性风险管理办法》及其随后的相关规定，将流动性覆盖率、贷存比和净稳定资金比例作为我国银行流动性风险的监管指标，其将促进银行提高流动性风险管理的专业化水平。

从表 3－19 的流动性比例变化来看，部分银行在 2014 年二季度的流动性比例为 47.52%，明显高出 2013 年的指标，显现出我国银行业金融机构整体流动性状况的好转。

表 3－19　国内银行的流动性比例变化

银行	币值	2014 年 6 月 30 日	2013 年 12 月 31 日	2012 年 12 月 31 日
中国银行	人民币	51.9	48.0	49.8
	外币	59.8	62.2	65.2
建设银行	人民币	47.72	46.57	56.73
	外币	56.70	55.20	58.81

续表

银行	币值	2014 年 6 月 30 日	2013 年 12 月 31 日	2012 年 12 月 31 日
农业银行	人民币	47.94	43.57	44.75
	外币	109.12	114.95	161.78
交通银行	汇总人民币	55.96	47.62	37.93
工商银行	人民币	33.5	30.2	32.5
	外币	81.2	61.0	65.2
招商银行	人民币	60.93	59.64	52.29
	外币	93.48	80.78	56.66
民生银行	汇总人民币	42.96	29.31	36.01
兴业银行	汇总人民币	39.46	35.79	66.50
浦发银行	本外币合计	38.95	31.34	37.54
中信银行	本外币合计	64.99	46.40	52.20
光大银行	人民币	45.23	33.12	51.25
	外币	42.39	59.65	45.88
平安银行	本外币合计	70.52	49.56	51.99
华夏银行	人民币	35.12	30.63	33.95
	外币	35.81	56.63	50.44

资料来源：主要银行业金融机构 2014 年半年报。

2018 年 5 月，我国银保监会出台《商业银行流动性风险管理办法》（以下简称《办法》），并于当年 7 月正式实施。由于流动性风险是商业银行信用风险、市场风险和操作风险的最终体现，因此加大流动性风险管理体现出中国监管当局坚定防范系统性金融风险的决心。《办法》中的监管指标主要包括流动性比例、流动性覆盖率、净稳定资金比例、流动性匹配率和优质流动性资产充足率。前 4 个指标适用于资产规模 2000 亿元（含）以上商业银行，后 3 个指标适用于资产规模 2000 亿元以下商业银行。流动性匹配率暂为监测指标，2020 年 1 月 1 日起执行流动性匹配率要求。其中，流动性匹配率和流动性比例是所有商业银行都需要遵守的监管指标。具体内容如表 3 - 20 所示。

表 3-20　《办法》的监管指标

指标名称	适用范围	计算方法	最低监管标准
流动性比例	全部商业银行	流动性资产/流动性负债	25%
流动性覆盖率	资产规模 2000 亿元及以上银行	优质流动性资产/未来 30 天现金净流出	2018 年末 100%
净稳定资金比例	资产规模 2000 亿元及以上银行	稳定融资的可提供金额/稳定融资的要求金额	100%
流动性匹配率	全部商业银行	加权资产来源/加权资金运用	100%，2020 年前暂为监测指标
优质流动性资产充足率	资产规模 2000 亿元以下银行	优质流动性资产/短期现金净流出	2018 年末 80%，2019 年 6 月末 100%

三、规则调整的路径

在严格的监管环境影响下，国内银行所采取的措施可能会背离监管的初衷。一旦银行难以满足一时的流动需求，就可能出现流动性危机。我国商业银行法第四条规定："商业银行以效益性、安全性、流动性为经营原则，实行自主经营，自担风险，自负盈亏，自我约束。"在实际经营活动中，盈利性目标和安全性、流动性目标之间又存在着一定的矛盾和冲突。监管规则的动态调整应该尽可能确保盈利性、安全性和流动性的动态平衡。

（一）确保实现银行盈利的同时，能够及时化解流动性风险

在宏观经济层面上，较严格的监管规则可能会产生银行的盈利能力下降、信贷紧缩和利率上升等负面效应。商业银行是以盈利为目标的企业，不会为了规避流动性风险而完全放弃高收益的资金运用。事实上，银行资产的流动性与盈利性是相互制约的。在其他条件不变的情况下，如债券之类的流动性越高的资产，其盈利性越低，而如贷款之类的资产盈利性很强，但流动性却有限。如果银行过分追求盈利性，必将面临较大的流动性风险。盈利性和流动性的矛盾是导致流动性危机产生的深层次原因。然而，对流动性风险的准确衡量是一个难题，其需要科学确定已知的及潜在的资金需求，并且需

要通过相应的计算和分析，得出单个银行或整个银行业的流动性状况。

我国的相关规定要求商业银行对包括同业和理财在内的各业务条线的流动性风险进行有效识别、计量、监测和控制，在考核主要业务条线的收益时纳入流动性风险成本，促使银行更好地平衡收益与风险之间的关系。风险管理不仅仅是为了满足监管要求，其应该不断健全流动性风险管理体系，将流动性风险的防范纳入日常的风险管理之中。通过对各组成部分的流动性风险进行有效识别、计量、监测和控制，才能确保以合理成本及时满足流动性需求。银行应该按照总体经营策略和风险容忍度，在流动性充裕时尽可能降低资产的储备并归还融资负债，在流动性不足时则设法增加资产的储备和相应的资金融资安排。显然，一国监管当局，其有必要通过对流动性监管规则的适度调整来促进银行在风险与收益之间找到最佳的平衡点。

（二）尽可能实现盈利性、安全性和流动性的动态平衡

在商业银行的经营活动中，安全性是前提，流动性是条件，盈利性是最终目的。作为商业银行经营的最根本的原则，安全性是指商业银行在运营过程中资产免遭损失的可靠程度。安全性的相对概念为风险性，即商业银行资产遭受损失的可能性。商业银行经营绝对安全是不存在的，但要尽量采取措施把风险降到最低点。众所周知，只有确保银行资金的安全无损，维持资金的正常流动，才能实现银行的正常盈利。然而，流动性风险成因复杂，且极易受其他风险的影响和转化。流动性监管的目的不仅在于避免由于超额流动性的存在对银行收益的降低，而且在于防止银行因流动性不足而面临支付的困难。现行的流动性监管新规则在确保银行业安全与稳定的同时，从一定程度上影响了银行经营效益的最大化，显现出了盈利性、安全性和流动性的矛盾。商业银行往往会为了达到净稳定资金比例而改变资产负债表，在增持高质量资产的同时降低了风险资产的规模。从长远来看，这有利于银行业金融机构的稳健运营，但会降低短期的盈利能力。

尽管银行间市场流动性紧张的问题已经开始缓解，但我国监管当局仍应

该高度重视因商业银行在流动性管理方面的缺陷所产生的流动性风险问题。监管者与被监管者之间应该以"风险为本"建立正向激励的监管关系。在具体的实施过程中，一国监管当局有必要对流动性规则进行调整，而银行应该在执行既定风险管理政策的同时，密切关注政策和市场的变化。持续完善流动性风险限额指标体系建设，加强流动性风险管理的监控、预警和报告。银行有必要建立多层级流动性储备资产，动态调整流动性组合经营运作，从而提高资金使用效率。同时，银行还应该改进流动性压力测试方案，按季度进行压力测试，并且完善流动性风险应急预案，提高危机情况下应急能力。这便于监管当局综合运用流动性比例、流动性覆盖率等多种监测标准，配以科学合理的辅助监测工具，跟踪分析银行的流动性状况，从而使所调整的规则能够促进银行业盈利性、安全性和流动性的动态平衡。

第三节　杠杆率规则的弹性调整

全球化背景下各自为营的金融机构需要协调一致的监管规则，才能有效防范系统性风险的聚集与蔓延。巴塞尔委员会引入了简单、透明且无风险基础的杠杆率，促进各国对差异性规则进行相应的调整。

一、杠杆率规则

在许多情形下，银行在维持高资本充足率的同时形成了高杠杆率。在金融危机期间，市场强迫银行业降杠杆以减少对资产价格的压力，这种去杠杆行为加大了损失，减少了资本并且缩减了信贷的提供。① 巴塞尔委员会成立了杠杆率工作组，用于研究杠杆率的设计问题，试图为全球银行业确定一个简单、透明且无风险基础的杠杆率标准。作为资本充足监管的补充措施，这将会有助于避免银行业形成过高的杠杆率。2009 年 12 月，巴

---

① Basel Committee on Banking Supervision, Revised Basel Ⅲ Leverage Ratio Framework and Disclosure Requirements, Consultative Document, June 2013.

塞尔委员会在多方的督促下发布了《增强银行业抗风险能力（征求意见稿）》，意在确定不需涉及复杂的风险加权资产计算的杠杆率标准。2010 版巴Ⅲ对杠杆率进行了界定。

其一，杠杆率的分子暂定为新资本定义的一级资本。巴塞尔委员会表示仍将在过渡期内，对用总资本作为杠杆率分子的可行性进行研究。[①] 巴塞尔委员会明确指出简单且透明的杠杆率标准，可以补充资本充足监管的不足，同时避免因银行的过度去杠杆化而给金融和经济体系造成危害。因此，2010 版巴Ⅲ规定杠杆率采用一级资本，而不是采用风险权重资产来进行计算。

其二，杠杆率的分母为调整后的表内外资产总额。对于表内项目，其涵盖所有表内资产，包括一般的资产负债表项目、证券融资交易（Securities Financing Transactions，SFT）和衍生品，其中的证券融资交易是重要的影响因素。对于表外项目，除无条件可撤销承诺采用 10% 的转换系数之外，[②] 其他表外项目均采用 100% 的信用转换系数进行计算。

巴塞尔委员会将杠杆率标准视为资本充足监管的"增援"措施。在 2010 年举行的央行行长及监管当局（GHOS）会议上，成员方就杠杆率标准达成新的妥协方案（德国仍持保留态度），建议一级资本杠杆率的最低标准为 3%，并会在过渡期内评估该标准是否适合于完整的经济周期及不同的业务模式。对监管当局而言，其并没有足够的能力去深入了解银行内部的风险计量模型，往往会由于对模型的不正确选择、计量数据的不准确和衡量标准的偏差等问题，导致银行因模型风险而承受不必要的损失。由于无须采用复杂的风险计量模型，而是直接使用资产负债表（表内及表外）的数据，杠杆率不会受到风险测量周期性偏差的影响，计算起来相对

---

① 2009 年 12 月，巴塞尔委员会发布了关于核心一级资本的标准，指出核心一级资本由普通股和留存收益共同构成，具有最强的损失吸收能力，将普通股（包括留存收益）视为最高质量的银行资本的组成部分，并且为了确保其质量和一致性，还制定了严格的排除条款，使得资本定义更加透明和可靠。巴曙松等：《巴塞尔资本协议Ⅲ研究》，中国金融出版社 2011 年版，第 66 页。

② 巴塞尔委员会表示，将根据历史数据和经验进一步研究对无条件可撤销承诺采用 10% 的信用转换系数是否合适。李文泓著：《宏观审慎监管框架下的逆周期政策研究》，中国金融出版社 2011 年，第 186 页。

简单。[1] Rainer Mastra 指出 2010 版巴Ⅲ的监管框架比传统的杠杆率标准提出了更严的"风险为本"的要求，而这倾斜了风险敏感性与简单透明且可比性之间的平衡。[2] 2010 版巴Ⅲ的杠杆率标准虽然粗糙、生硬且"一刀切"，但却也简单直观，更难以规避。显然，简单且透明的杠杆率标准能够从一定程度上弥补资本充足率的内在缺陷。

2014 年 9 月，巴塞尔委员会对银行业金融机构通过增加资本来达到 2010 版巴Ⅲ一级资本充足率以及杠杆率的标准进行了对比分析。从表 3 - 21 可以看出，在 227 家被监测的银行中，有 5.1% 的银行同时达到了 3% 的杠杆率和弹性的一级资本充足率要求，而达到目标一级资本充足率，但未达到杠杆率要求的银行占比为 91.2%。在 2010 版巴Ⅲ的指引下，银行业金融机构开始主动接受杠杆率和资本充足率的双重约束。

表 3 - 21　达到 2010 版巴Ⅲ一级资本充足率和杠杆率前后的银行数量占比

单位：%

		弹性的一级资本充足率（<8.5% + G - SIBs 额外）？		合计	达到目标一级资本充足率
		是	否		
杠杆率约束（<3%）？	是	5.1	6.5	11.6	8.8
	否	12.6	75.8	88.4	91.2
	合计	17.7	82.3	100.0	100.0

注：弹性的一级资本充足率是 6% 的最低一级资本充足率加上 2.5% 的资本留存缓冲，在可能的情况上，加上全球系统重要性银行的额外资本。

资料来源：Basel Committee on Banking Supervision, Basel Ⅲ Monitoring Report, Sep. 2014, p.20. www.bis.org.

巴塞尔委员会试图把杠杆率设计为资本充足率的有效补充，其会在过渡期来评估整体信贷周期内的杠杆率标准的设计和校准是否合适，确定是

---

[1] Jerry W. Markham, Rigers Gjyshi, Research Handbook on Securities Regulation in the United States, Edward Elgar Publishing Limited, 2014, p.215.

[2] Rainer Mastra, US Basel Ⅲ Final Rule on Banks' Capital Requirements: a Different - Size - Fits - All Approach, PSL Quarterly Review, Vol. 66 No. 267, 2013, p.391.

否能够适用于不同类型的业务模式。目前，杠杆率的相关项目仍主要来源于资产负债表，其受会计并表和会计确认规则的影响很大。在各国会计准则存在较大差异的情况下，该指标难以在不同国家之间进行比较。一直以来，美国采用公认会计准则（US GAAP），但众多国家都采用国际财务报告准则（IFRS），两者的相关规定仍存在着差异。例如，美国公认会计准则规定相同交易对手的衍生工具头寸可以对冲，并且在核算中予以抵销，但国际财务报告准则却没有类似的规定。显然，依据不同会计准则计算出来的杠杆率在国际层面上不具有可比性，而且会增加一些国际活跃银行的达标成本。

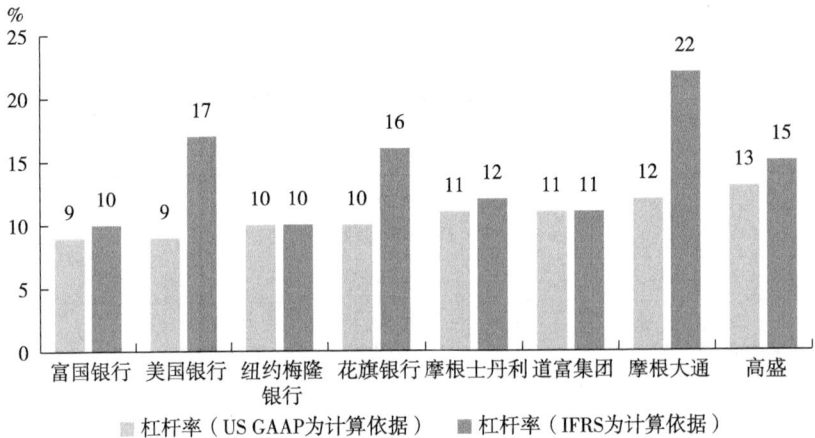

图 3 - 7　美国银行依据不同会计准则计算的杠杆率对比

（资料来源：Jens Forssbaeck, Lars Oxelheim, the Oxford Handbook of Economic and Institutional Transparency, Oxford University Press, 2014, p. 275.）

从图 3 - 7 可以看出，一些美国银行依据不同的会计准则所计算出的杠杆率存在着明显的差异。例如，摩根大通以 IFRS 为依据计算的杠杆率为 22%，而依据 GAAP 计算出的杠杆率仅为 12%。从美国银行的杠杆率变化来看，当计算依据从 GAAP 转变为 IFRS 时，杠杆率也从 9% 提高到 17%。当然，巴塞尔委员会更倾向于采用美国的 GAAP，其密切监测对杠杆率起重要影响的会计准则的规定，尽可能促进处于不同会计制度下的银行有着一致的计算标准，使它们在国际层面上具有可比性。[①]

根据 2010 版巴Ⅲ的规定，成员方自 2011 年 1 月 1 日至 2012 年 12 月 31 日进入监管监测期，主要任务是设计模板，并确定杠杆率定义及其标准。自 2013 年 1 月 1 日至 2017 年 1 月 1 日进入并行期（the Parallel Run Period）。在此期间，巴塞尔委员会每隔半年就需进行监测和评估，主要是跟踪杠杆率及其要素与资本充足率的相互作用。例如，巴塞尔委员会于 2013 年以 27 个成员方中的 223 家银行作为监测对象，将它们分为二组，其中第一组有 101 家银行，其核心资本需超过 30 亿欧元并具有国际活跃性，第二组有 122 家银行。根据最终的监测报告，如果全面实施 2010 版巴Ⅲ的相关规定，有 51 家银行不能达到 3% 的杠杆率，其中一组银行有 25 家，二组银行有 26 家。

根据并行期间的监测结果，巴塞尔委员会在 2017 年上半年对杠杆率进行必要的调整，并在适当的审查和校准的基础上，于 2018 年 1 月 1 日将杠杆率纳入第一支柱框架。[②] 2013 年 6 月，巴塞尔委员会公布了《经修订的巴塞尔协议Ⅲ杠杆率框架及信息披露要求》，其阐明了一系列旨在用于最终确定杠杆率敞口指标（或分母）的处理方法，[③] 内容涉及合并范围、衍生品/担保物和证券融资交易处理，以及对已买入信用衍生品的处理。由于其不再接受衍生品的净额数据，这将令大型银行采取更高的杠杆率标准。因此，欧美银行界人士认为过严的杠杆率标准会抑制银行业金融机构的运营，使信贷增长受到限制。

2014 年 1 月，巴塞尔委员会批准了《杠杆率国际使用标准》，放宽了对

---

① 巴曙松等：《巴塞尔资本协议Ⅲ研究》，中国金融出版社 2011 年版，第 81 页。

② 巴塞尔银行监管委员会：《巴塞尔协议Ⅲ》，中国金融出版社 2011 年版，第 3 页。

③ 主要包括：第一，所有资产负债表上的资产，为用于衍生品担保和证券金融交易的资产负债表上的所有资产，但不包括衍生品资产和证券金融交易的资产；第二，其他资产负债表上的资产，包括承担费、直接信贷替代项目、承兑信用证、备用信用证、贸易信用证、失败的交易和未结算的证券。

金融衍生品和回购协议等产品的杠杆规定。新调整的杠杆率计算方法可提高欧美大型银行的杠杆水平，即从约3.8%升到略高于4%的水平，这有利于缓解它们在提高资本金方面的压力。另外，该《标准》令银行在采用会计准则进行杠杆率计算时拥有更大的操作空间。当然，巴塞尔委员会认为此项调整的目的在于找到最佳的杠杆率标准，其并不是期望加强或放松杠杆率标准，而是试图寻求更严格也更透明的杠杆率监管模式。对成员方而言，其自2015年1月1日起应披露杠杆率及其相关要素。[①] 随后，巴塞尔委员会将监测这些披露所产生的影响，并且会根据并行期的观察情况，于2017年完成杠杆率方案的最终调整，以便于2018年1月1日将杠杆率纳入第一支柱（最低资本要求）。相比较2010年的版本，修订完成的终版巴Ⅲ对全球系统重要性银行提出了更高的杠杆率监管要求。从图3-8的达标情况来看，第一组银行在2010版巴Ⅲ的框架下的杠杆率为6.3%，全球系统重要性银行为6.1%，而第2组银行为5.9%。与之相比，在终版巴Ⅲ的框架下，第一组银行的杠杆率为6.2%，全球系统重要性银行为6.1%，第二组银行为5.9%。当跨组比较时，全球系统重要性银行的杠杆率更加集中。

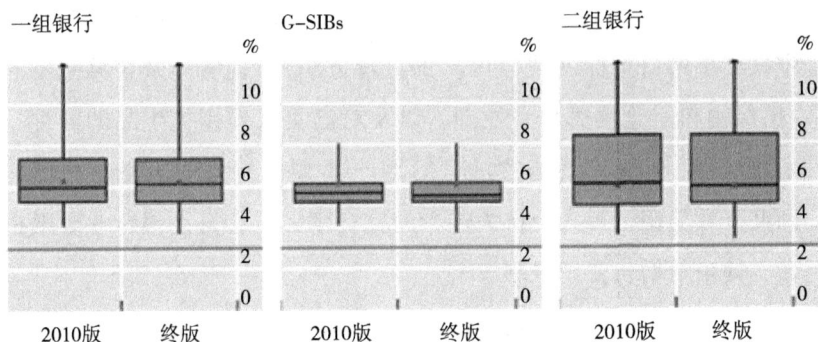

图3-8 2010版巴Ⅲ和终版巴Ⅲ的杠杆率达标情况对比

（资料来源：Basel Committee on Banking Supervision,
Basel Ⅲ Monitoring Report, Feb. 2022, p. 15, www. bis. org.）

---

① Basel Committee on Banking Supervision, Revised Basel Ⅲ Leverage Ratio Framework and Disclosure Requirements, Consultative Document, June 2013.

二、逆周期的杠杆率调整

美国和加拿大一直坚持将杠杆率用于银行业监管的指标之一。显然，一国或地区监管当局应该结合银行业的发展现状，通过弹性的调整来确定更合理的杠杆率标准，以此发挥其在宏观审慎监管中的逆周期作用。

（一）欧美的杠杆率监管

美国传统的杠杆率适用于所有的银行，其计算不包括表外资产项目。1986 年，美国的联邦存款保险公司改进法（FDIC improvement Act）采纳了杠杆率规定。本轮金融危机的发生促使美国将该标准引入 2010 版巴Ⅲ之中。2013 年 7 月 9 日，美国监管当局除了批准美版巴Ⅲ，还发布了监管规则制定计划通告（Notice of Proposed rulemaking，NPR），加强了大型系统重要性银行的监管标准。因此，不同规模程度的银行业类金融机构，应遵循不同的杠杆率标准。

从表 3 – 22 可以看出，对于总资产在 150 亿美元和 2500 亿美元之间的银行，其需要采用先进的方法（Non – advanced approach）进行资本充足率的计算，并且要实施 2010 版巴Ⅲ中的杠杆率标准，即于 2018 年之前要达到 3% 以上的监管要求。对于美国的全球系统性银行及其附属的保险机构，其规定了 3% 的附加标准，这类似于资本留存缓冲。根据建议，美国银行、纽约银行、花旗集团等八家 G – SIBs 要确保达到 5% 以上的杠杆率要求。

表 3 – 22 美版巴Ⅲ规则：杠杆率的监管要求

1. 美国杠杆率（LR）	适用于所有银行	LR = 核心一级资本/表内总资产≥4%
2. 2010 版巴Ⅲ的补充杠杆率（SLR）	仅适用于采用先进方法的银行	SLR = 核心一级资本/表内外总资产披露≥3%
3.（建议）美国的附加杠杆率	（仅适用于美国的 G – SIBs 及其附属的保险储蓄机构）	G–SIBs ⟶ 3%+2%的缓冲 ↓ IDI附属机构 ⟶ 3%+3%的附加

资料来源：Rainer Mastra, US Basel Ⅲ Final Rule on Banks'Capital Requirements：a Different – size – fits – all Approach, PSL Quarterly Review, Vol. 66 No. 267, p. 392, 2013.

在欧盟，欧盟委员会指出杠杆率标准是监管者进行风险监测的补充工具，其起到了增援和辅助的作用。根据规定，欧盟成员国将杠杆率规则作为第二支柱的措施而予以初步实施，并且参考巴塞尔委员会建议的3%杠杆率指标进行规定。随着相关数据的汇总、整理和分析，欧盟发布了实施报告，并且于2018年确定有约束力的杠杆率新规则。

（二）加拿大弹性的杠杆率标准

巴塞尔体制在许多原因的影响下体现出顺周期性，最基本的原因在于顺周期时低估风险，而在逆周期时高估风险。如杠杆率这样的具体指标取决于现行的市场价格，即在经济上行时呈现上涨趋势，在经济下行时呈现下降趋势。如果资产价值不能准确反映未来的现金流，就出现了逆周期问题。

加拿大监管当局在实施方案中留有了杠杆率缓冲的余地，即实际杠杆率与杠杆率监管上限之间的缓冲。在经济上行期，杠杆率缓冲会下降，但降低幅度受到杠杆率上限指标的限制。Christian Calmèsa C 和 Théoretb R 采用弹性指标和卡尔曼滤波方法对加拿大银行杠杆率的顺周期性进行检验，显示出其具有弱顺周期性，甚至有些逆周期性的表现。

从图3-9可以看出，加拿大在20世纪90年代处于经济下行期，此时的杠杆率缓冲较高。随着经济的复苏，杠杆率缓冲开始平稳的下降，并在随后的10年期间保持在平均线以下。自2000年开始，由于一些银行的杠杆水平达到23倍，使其平均杠杆率缓冲再次升高，随后逐渐跌回均值水平。2008年的金融危机使杠杆率缓冲又回到平均线以上。从中可见，加拿大监管当局在经济周期的不同阶段，通过杠杆率缓冲来进行弹性的调整，即在经济上行期，减少杠杆率缓冲来降低银行高杠杆运营，而在经济下行期，则增加杠杆率缓冲来减少银行的去杠杆压力。

欧洲央行行长特里谢（Jean-Claude Trichet）认为创建更有弹性的全球监管体系是至关重要的。研究表明，除信息结构和信息能力的影响外，非弹性或刚性的监管同样会导致金融效率和社会福利的损失。所谓非弹性的监管

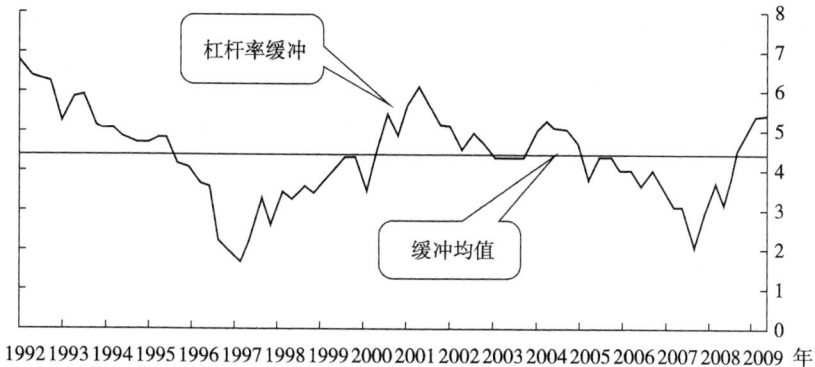

注：图中纵坐标表示平均缓冲。

图3－9　实际杠杆率与监管上限之间的平均缓冲

［资料来源：加拿大联邦金融机构监督办公室（OFSI）］

是指无论经济处于扩张期和繁荣期，还是处于衰退期和萧条期，监管当局始终按预先确定的统一标准来进行监管。金融创新的突飞猛进，使得金融风险的复杂程度日益加深，有时将设计好的杠杆率监管模式付诸实践时，并不能发挥预期的风险防范实效。在经济下行期，如果对银行业仍采取原有的杠杆率标准，可能导致一些银行产生额外的去杠杆化压力，并且采取不正常的去杠杆方式，如大量的恐慌性抛售资产，甚至将优质资产低价出售来偿还债务。固定不变的杠杆率规则不足以防范银行业变幻莫测的风险。因此，整个周期内的杠杆率监管应是相机抉择和变化的，成员方监管当局应该对杠杆率标准进行弹性的调整，确保银行业的稳健运营。

表3－23　成员方对终版巴塞尔Ⅲ杠杆率规则的实施进展

（2020年11月）

成员方	杠杆率标准的实施进展
阿根廷	4：最终规则于2018年1月12日发布，自2018年3月1日起生效（法规"A"6431）
澳大利亚	2：规则草案于2019年11月发布
比利时	（3）：遵循欧盟程序

续表

成员方	杠杆率标准的实施进展
巴西	1：正在进行的实施研究
加拿大	1：2018 年 7 月 16 日发布稿，正在制定规则草案
中国	1：正在制定过程中
法国	（3）：遵循欧盟程序
德国	（3）：遵循欧盟程序
中国香港特区	1：考虑是否有必要着手进一步的修订
印度	1：未发布
印度尼西亚	4：法规自 2019 年 12 月起发布并生效
意大利	（3）：遵循欧盟程序
日本	1
韩国	1：规则草案正在制定中
卢森堡	（3）：遵循欧盟程序
墨西哥	1：草案正在起草中
荷兰	（3）：遵循欧盟程序
俄罗斯	1：预计规则草案在 2021 年下半年制定
沙特阿拉伯	1：最终规则将于 2023 年 1 月之前发布并实施
新加坡	1
南非	1
西班牙	（3）：遵循欧盟程序
瑞典	（3）：遵循欧盟程序
瑞士	4：为了简化 SA－CCR 的实施，银行可以选择从 2018 年 6 月 30 日起使用 SA－CCR
土耳其	2：条例草案于 2018 年 3 月发布，供咨询
英国	（3）：遵循欧盟程序
美国	3：最终规则于 2019 年 11 月发布，银行可从 2020 年 4 月开始采用，但必须在 2022 年 1 月之前通过
欧盟	3：2019 年 6 月 7 日，发布了进一步调整风险敞口定义并引入基于杠杆率的资本要求的立法，该标准适用于 2021 年 6 月 28 日

注：数字表示：1 = 规则草案还未发布；2 = 发布了规则草案；3 = 发布了最终规则；4 = 最终规则生效；用括号表示的数字为欧盟成员国，需统一遵循欧盟实施程序。

资料来源：Basel Committee on Banking Supervision Implementation of Basel standards，A report to G20 Leaders on implementation of the Basel Ⅲ regulatory reforms November 2020，Bank for International Settlements，2020.

三、规则调整的路径

我国的《办法》确定了杠杆率监管的总体框架，但其中的规则与标准仍需要在 2010 版巴Ⅲ及其相关文件的指引下进行相应的调整，才能使我国的杠杆率成为资本充足率的有效补充。

（一）以系统重要性为依据进行差别的杠杆率调整

美国雷曼公司的破产导致系统性风险的全球蔓延，成为触发本轮金融危机的现实描写。[①] 自此，"系统重要性"进入了强化银行业监管的视野。杠杆率监管有利于防止商业银行资产负债表的过度扩张和过度承担风险，能够减少或避免银行业系统性风险的隐患。根据 2010 年巴塞尔委员会定量影响研究（QIS）的结果，由 91 家大型银行组成的第一组银行的平均杠杆率为 2.8%，而由 158 家小型银行组成的第二组银行的平均杠杆率为 3.8%，显示出大型银行的高杠杆运营状况。历次金融危机已经证明，一旦系统重要性金融机构发生重大风险事件或经营失败，不仅关系其自身的存续，更影响到整个金融市场的稳定。从监管的实践来看，任何偏高的高杠杆水平，都会大幅提高危机的发生概率，可能导致潜在的系统性风险，因而严控杠杆率是当前加强银行风险管理的第一要务。

研究表明，大型跨境银行容易因高杠杆运营而产生偿付能力风险。任何偏严的杠杆率监管势必会增加单个银行的运营成本，而同一的杠杆率标准会导致处于不同风险状况下的银行在金融市场上处于不公平竞争的境地。"风险为本"的监管理念强调将有限的监管资源集中于风险暴露最突出的金融机构，以较小的监管成本维持金融市场的稳健运营。监管当局应该以系统重要性为依据进行差别化的杠杆率监管。有学者认为系统重要性

[①]　诚如美联储主席伯南克在 2010 年 9 月 2 日向金融危机调查委员会作证时所说："如果这场危机只有一个教训，那就是必须解决'大而不倒'的问题。"参见管斌：《系统重要性金融机构监管问题研究》，载《武汉金融》2012 年第 6 期，第 24 页。

金融机构需要达到7%的杠杆率，才能防止因危机而陷入倒闭的困境。① 事实上，加拿大监管当局已经针对不同风险类型的银行实施了差别的杠杆率监管。2013年7月，美联储提议具有系统重要性的八大银行的杠杆率指标应提高到5%，并且要求八大银行下属的参保银行子公司的杠杆率指标提高到6%。随后，欧洲银行业监管当局也做出类似决定，对欧洲具有系统重要性的大银行实行更严格的标准。

2017年，终版巴Ⅲ明确了全球系统重要性银行的附加杠杆率要求。我国的《办法》对系统重要性银行和非系统重要性银行都规定4%的杠杆率标准。该同一的杠杆率标准，可能会导致处于不同风险状况下的银行在金融市场上处于不公平竞争的境地。一国监管当局有必要以系统重要性为依据，进行差别化的杠杆率监管。加拿大监管当局已经针对不同风险类型的银行，实施了差别的杠杆率监管。对于存在重大风险隐患的银行，4%的杠杆率未必能有效控制风险，因而需要适当提高杠杆率水平。其他中小型商业银行可遵循3%的杠杆率标准，避免让它们承受过多的达标压力。

2020年12月，我国监管当局发布《系统重要性银行评估办法》，规定了系统重要性银行附加监管要求，从附加资本、杠杆率、大额风险暴露、公司治理、恢复处置计划、信息披露和数据报送等方面。其对系统重要性银行提出了更严格的监管要求。此后，监管当局将建立早期纠正机制，推动系统重要性银行降低复杂性和系统性风险，建立健全资本内在约束机制，提升银行抵御风险和吸收损失的能力。针对不同组别和类型的系统重要性银行，监管当局会匹配差异化的附加监管实施方案，设置合理的过渡期安排。对于可能会被纳入评估范围的银行，它们将提前进行相关数据的估算和报送，并且对可能面临的附属资本、杠杆率等方面的要求进行预评估。

---

① Viral V. Acharya and Sascha Steffen, *Falling short of expectations? Stress – testing the European banking system*, CEPS Policy Briefs, p. 2.

2021 年 10 月 15 日，我国监管当局发布的《附加监管规定》）提出了附加杠杆要求，即系统重要性银行在满足杠杆率要求的基础上，应额外满足附加杠杆率要求。附加杠杆率要求为其附加资本要求的 50%，由一级资本满足。根据 19 家银行发布的 2021H1 数据来看（见表 3 - 24），绝大多数银行基本都能够满足杠杆率监管要求，当然某些银行的资本充足率距离红线较近，仍有一定的资本补充压力。

表 3 - 24 系统重要性银行核心一级资本充足率和

杠杆率基本满足《附加监管规定》的要求   单位：%

		核心一级资本充足率（2021H1）	杠杆率（2021H1）	D - SIBS 附加杠杆率要求	监管要求杠杆率	实际要求的杠杆率
第一组	平安银行	8.49	6.40	0.13	4.13	2.28
	光大银行	8.79	6.85	0.13	4.13	2.73
	华夏银行	8.62	7.22	0.13	4.13	3.10
	广发银行	7.74	5.81	0.13	4.13	1.69
	宁波银行	9.38	5.96	0.13	4.13	1.84
	上海银行	8.98	6.53	0.13	4.13	2.41
	江苏银行	8.48	6.29	0.13	4.13	2.17
	北京银行	9.23	6.38	0.13	4.25	2.26
第二组	浦发银行	9.42	6.93	0.25	4.25	2.68
	中信银行	8.63	6.69	0.25	4.25	2.44
	民生银行	8.52	7.50	0.25	4.25	3.25
	邮储银行	9.74	5.90	0.25	4.25	1.65
第三组	交通银行	10.59	7.48	0.38	4.38	3.11
	招商银行	11.89	7.15	0.38	4.38	2.78
	兴业银行	9.20	6.63	0.38	4.38	2.26
第四组 G - SIBs	工商银行	12.90	8.05	0.50	4.50	3.55
	中国银行	10.80	7.39	0.50	4.50	2.89
	建设银行	13.23	7.79	0.50	4.50	3.29
	农业银行	10.85	7.35	0.50	4.50	2.85

资料来源：Wind；华泰研究。

(二) 在经济周期内进行弹性的杠杆率调整

对于其他行业而言，银行业的大多数资金来源于负债，因而高杠杆运营成为显著的特点。杠杆率监管有着悠久的历史，但并未得到足够的重视。金融体系中的顺周期问题成为加强宏观审慎监管的目标之一。为解决顺周期问题，所采用的宏观审慎措施应具有逆周期的特征，从而起到自动稳定器的作用。杠杆率具有顺周期性的特点，这使其成为宏观审慎监管中逆周期化的重要指标。逆周期的杠杆率监管不但可以用作减少单个银行风险的微观审慎监管工具，还可作为缓释顺周期效应的宏观审慎工具。其可以防止银行在经济繁荣时期过度扩张资产负债，也可缓释银行在危机时期的去杠杆化所产生的负面效应。

银行在 2008 年金融危机期间"去杠杆"过程的艰巨性，使杠杆率规则再次成为强化银行业监管的主要举措。G20 在伦敦峰会后发布的《加强监管和提高透明度》最终报告中，建议将杠杆率作为降低顺周期性的一项重要的政策工具，并要求金融稳定委员会和巴塞尔委员会进行相应的研究。杠杆率监管可以减轻银行在经济上行时期的流动性风险的系统性积累。研究表明，金融风险演化与经济周期密切相关。通常，在经济上行期，显性金融风险较小，而隐性金融风险逐渐积聚。银行会随着资产价格的上升而扩大资产负债规模，从而进行高杠杆的运营。在经济下行期，金融风险会加快暴露。某些时候，对金融风险评估的周期性偏差会放大杠杆率的顺周期性，即在经济上行期对金融风险的低估，会导致银行在既定的监管资本水平上进行高杠杆运营，而在经济下行期对金融风险的高估会导致银行加速去杠杆进程。对监管当局而言，宏观审慎监管的重点应该是关注杠杆率的总水平和动态变化，并且令逆周期的杠杆率监管成为资本充足监管的有益补充，切实有效地防范银行业风险的潜在累积。

在逆周期监管工具的运用过程中，只有顺沿经济周期的基本轨迹进行准确的规则调整，即在经济上行期提高监管标准，在经济下行期降低监管标准，才能达到逆周期的监管效果。由于负债占资产的比重大，高负债率意味着较高的杠杆水平。多数银行家认为，立足于中国银行业当前的实际情况来探索逆周期资本监管要求，对杠杆率监管标准的引入具有一定的意义。考虑到我国银行业现行的杠杆率状况，巴曙松提出了进行逆周期杠杆率监管的建议，同时，他指出目前国际金融监管界对于经济周期的判断还没有把握较大的有效手段。

宏观审慎监管的重点应该是关注杠杆率的总水平和变化幅度，通过杠杆率监管的逆周期缓冲，确保系统重要性银行在经济周期的不同阶段都能够稳健的运营。一国监管当局不应该在一个完整的经济周期内，始终保持一个固定不变的杠杆率标准。金融风险的千变万化以及不断调整杠杆率标准，都意味着一国需要不断跟进杠杆率监管最新变化趋势，在风险可控的前提下对杠杆率规则进行弹性的调整。

第四章　定期的 G – SIFIs 识别与调整

现代金融体系如同一张网络，全球系统重要性金融机构会因市场集中度的提高而成为整个网络的"关键节点"，一旦出现问题往往引起全球金融市场的剧烈震荡。此类金融机构遭受巨额损失甚至倒闭造成的市场恐慌心理，加速了危机的迅速升级和对实体经济的破坏。经济和金融的全球一体化使得系统性风险具有更大的破坏力，因其产生的金融风暴会给众多国家带来巨大损失。对我国而言，有必要通过定期的风险评估与调整，对全球系统重要性金融机构进行有效的监管。

第一节　严格的机构监管

系统性风险是动态变化的，金融风险中任何初始因素的变化都会因"蝴蝶效应"的产生而改变预期的结果。它往往有较长的"潜伏期"，在逐渐的累积过程中不会对金融机构有明显的影响，但突然的爆发会迅速破坏全球金融体系，引发灾难性的金融海啸。

一、系统性金融风险的防范

系统性风险是指金融机构从事交易所在的整个系统，因内部或外部因素的冲击而产生剧烈波动或瘫痪的风险。早期观点认为系统性风险产生的最初冲击事件始于单个金融机构倒闭。也就是说，如果一家金融机构出现偿付问题，那么就可能给金融体系带来破坏而产生系统性危机。20 世纪 70

年代，国际清算银行指出仅加强单个金融机构的监管不足以维护金融稳定，而是应该关注整个金融体系的风险。2008 年以前，对风险的度量主要是通过计算风险价值 VaR（Value at Risk），它用于衡量金融机构在交易活动中一些持有头寸所暴露出来的市场风险，即在一定期间内头寸由于市场上不利波动而遭受的最大损失。然而，VaR 忽略了金融机构之间因业务往来而造成的相互影响，从而可能低估系统性风险。因此，从单个金融机构的层面来衡量风险是不充分的做法。

表 4 – 1　系统性风险演进的过程

演进阶段		动因
正向冲击	为系统性风险的累积埋下种子	金融监管的放松、货币政策或财政政策的宽松、金融创新的多样化、市场情况的高涨等
正向初始冲击的传导	系统性风险的累积	债务累积、资产价格膨胀、金融风险的低估、高风险的集中、资本充足率的下降等
负向二次冲击	系统性风险爆发的导火索	金融监管的从紧、货币政策或财政政策的从严、非对称的交易冲击等
负向二次冲击的传导	系统性危机爆发	单个金融机构破产或由于持有共同的风险敞口而导致的较大规模的金融机构破产
	系统性危机的扩散	由于资产关联、杠杆交易、信心崩溃等原因导致的风险传染，其他不相关金融机构破产

资料来源：张晓朴：《系统性金融风险研究：演进、成因与监管》，载《国际金融研究》，2010 年第 7 期，第 60 页。

市场参与者之间在金融体系中相互依赖且相互连接，彼此之间仿佛结成了一张网络，全球系统重要性金融机构成为其中的"关键节点"。系统性风险的产生主要来自金融体系中相互联结的网状结构的"关键节点"。在关联程度很高的情况下，一个"节点"出现问题，将会通过信息通道迅速传递给每个市场参与者，往往引起与之相连的其他"节点"的共振，导致全球金融网络的震荡，甚至造成灾难性的后果。

AIG 全称 American international group，它是一家世界级保险公司，涉

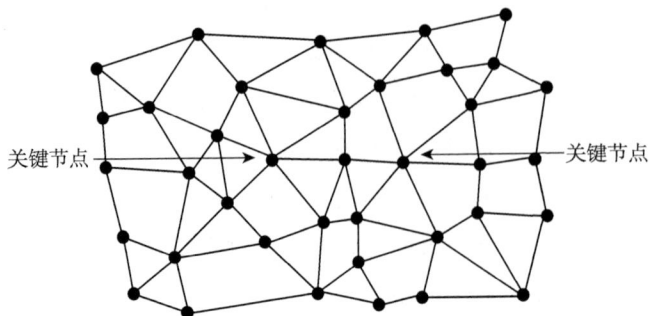

关键节点 → ← 关键节点

图 4 - 1　金融网络的"关键节点"

(资料来源:尹继志:《系统重要性金融机构监管改革国际进展与我国的对策》,

载《金融教育研究》,2012 年 9 月,第 8 页)

及全球 130 多个国家和地区业务,分支机构多达 4300 个。2008 年,因为次贷危机导致的信用违约需要偿付巨额的保险赔款。同时,购买的同类衍生金融产品大幅缩水,AIG 一度陷入天价的资金陷阱中,倾其所有都无能为力,面临的只有破产之路。作为信用违约掉期市场的绝对卖方,AIG 是众多机构的交易对手。如果破产,它将会导致更多美国金融机构破产,因此美国政府对该公司进行了紧急救助。2008 年那场金融危机,不只 AIG 一家巨头陷入困境,当时雷曼兄弟公司也一度陷入资金短缺的危机。最终,它申请破产保护,而 AIG 却能躲过一劫。

雷曼兄弟公司曾是美国第四大投资银行之一,它为遍布全球的客户提供全方位和多元化服务。但是,2008 年 9 月 15 日,雷曼兄弟向纽约南区美国破产法庭申请破产保护。当天,美国华尔街迎来真正的"黑色星期一"。为减少损失,美国的众多金融机构争相抛售资产,诱发了投资者之间的"羊群效应",形成"止损—卖出—再止损—再卖出"的恶性循环,导致系统性风险在全球迅速蔓延。2007 年至 2008 年初,以美国雷曼兄弟投资公司为代表的一系列大型金融机构倒闭,这是一次对系统性风险造成金融危机的现实描写,佐证了国际清算银行的早期设想,也让人们对此类风险有了更加直观的了解。

本轮金融危机中凸显出的"大而不能倒"问题，令系统性风险受到前所未有的关注。它显示了系统性危机产生的另一种可能，即大部分金融机构都共同持有的金融工具（或风险敞口）出现问题时，就可能产生系统性风险而给整个金融体系带来重创。系统性风险可通过金融网络中各"节点"的直接或间接的相互联系而迅速扩散，因此与各"节点"关联程度高的金融机构对一国金融业有很大影响。研究表明，自 1975—1994 年期间，没有发生系统性风险的国家经济一直稳定增长，而发生系统性风险的发展中国家，在风险发生后的五年中，经济增长仅为 1.3%。例如，拉美地区在 20 世纪 80 年代金融风暴后，其经济增长一直难以恢复。2008 年，有学者提出用条件风险价值 CoVaR 来进行风险的度量，把某一金融机构对另一金融机构或对金融体系的风险溢出纳入范围，从而填补了 VaR 在风险度量方面没有考虑风险溢出的空白。

金融全球化与自由化使大型金融机构的系统性风险传导效应急剧放大。"覆巢之下无完卵"，系统性风险的防范依靠一国的力量是无法有效进行的，只有通过必要的跨境协调与合作，对具有全球系统重要性金融机构加强监管，才能确保全球金融市场的安全和稳定。

二、道德风险问题的解决

在经济学上，人们一般将道德风险看成是从事经济活动的人做出不利于他人的机会主义行为，这属于道德沦丧的问题。在金融领域，麦金农较早提出"道德风险"理论，亚洲金融危机使这一问题显得尤为突出。在常见的道德风险模型中，由于政府扮演了"最后贷款人"的角色，导致危机后出现大量的潜在财政赤字，其最终可能要通过货币化来进行消化，可能导致又一轮金融危机提前到来。同时，政府为了减少恐慌还需要提供存款保险。如果不设定最后贷款人和存款保险制度，又无法避免金融市场的瞬间崩溃。因此，金融机构的"道德风险"问题是难解的。在金融监管实践中，政府为了避免金融风险的扩大化，往往会救助它们渡过难关。然而，对运营不善的金融机构予以救助会产生"奖恶惩善"的不良影响，也使金融市场对此类机构产生了"大而不倒"的预期。他们往往会因为"大而不倒"而不去稳健经营和谨慎行事，造成自我纠正机制在一定程度上的失效，因而加大了这些金融机构的道德风险。

20世纪90年代以来，全球金融业的交易结构日趋复杂，金融机构的倒闭事件频频发生，使国际社会日益重视对金融机构加强内部风险的管理。外部监管无论有多么严格，但是如果金融机构违规运营，就会产生道德风险问题。在2008年金融危机的发生过程中，由于"太大而不能倒"金融机构的自身规模、复杂性和关联性等，一旦金融机构陷入困境或倒闭就会对更大范围的金融体系造成明显破坏，对此类金融机构的严格监管就是对其道德风险的一种防范。2009年8月以来，金融稳定理事会（FSB）发布了《评估金融机构、市场和工具系统重要性的指导原则》和《强化系统重要性机构监管的有效性》等报告，提出从规模性、替代性和关联性三方面评估金融机构的系统重要性，并且应该从资本、流动性、杠杆率、风险管理和危机处置等方面减少系统重要性金融机构的道德风险。

2010年10月14日，FSB发布了《降低SIFI道德风险的政策建议及时间表》，其中第一条是关于降低道德风险的总体政策框架，规定所有成员都应该制定相应的政策，以减少系统重要性金融机构的风险。对于国内系统重要性金融机构，FSB成员制定的政策应该包括：（1）能够确保在不破坏金融体系稳定性、使纳税人免受损失的前提下，安全且迅速地处置所有金融机构；（2）对可能带来系统性风险的金融机构加大监管力度；（3）减少因单家机构破产而可能引发的传染风险。对于全球系统重要性金融机构，所在母国的监管当局应该要求G-SIFIs提高损失吸收能力，能够减少其给全球金融体系可能带来的风险。另外，要求它们能够通过监管联席会议与其他国家进行协调与合作，对G-SIFIs的潜在风险进行准确地评估。在听取各国意见的基础上，FSB提倡利用一套定量和定性指标来识别 G－SIFIs 并进行严格的监管。由于对 G－SIFIs 的识别和监管涉及众多国家的相关法律，需要各国遵循统一的风险评估标准。只有通过密切的跨境协调与合作，才能共同防范全球系统重要性金融机构出现道德风险问题。

在《降低 SIFI 道德风险的政策建议及时间表》中，FSB 要求各国确保有效且一致地执行 G－SIFIs 政策，其母国和东道国监管当局应该指派高级官员组成同行审议理事会（PRC），由它负责评估并向 FSB 报告相关事项：（1）根据金融稳定理事会与标准制定机构达成的评估框架，各国 G－SIFIs 政策措施是否属于现行的一整套政策方案中的合理选择；（2）G－SIFIs 恢复和处置方案及针对具体情况制定的合作协议是否稳健且有效；（3）各国制定的 G－SIFIs 政策措施是否是全球一致且相互支持；（4）是否已实施其他增强损失吸收能力的措施。根据规定，同行审议理事会需要定期审议金融机构是否具有全球系统重要性，并且对各国实施 G－SIFIs 政策的充分性和一致性向金融稳定理事会作出报告。

G－SIFIs 的系统性风险和道德风险问题，使其成为跨境金融监管中的"核心"节点，成为各国进一步强化监管协调的主要动因。定位于 G－SIFIs 的跨境监管协调机制应该注重安全与效率的双重兼顾。一国监管当局有必要根据全球金融市场的变化趋势对 G－SIFIs 进行动态的监管，尽可能用较小的监管成本付出，在确保安全运营的前提下提高此类机构的运营效率。

第二节　系统重要性的识别标准

"风险为本"的监管理念与传统观念的不同在于找到了监管的"核心"所在，即对金融风险进行定期的识别、评估和监控。因此，有必要对大型金融机构的系统重要性进行有效的测评。根据金融稳定理事会的要求，巴塞尔委员会将研究重点放在全球系统重要性银行（G－SIBs）

识别方法上，并以此为基础指导成员方对国内系统重要性银行（N-SIBs）的有效评估。

一、系统重要性的定义

在危机过程中，一家系统重要性金融机构的破产可能会导致整个金融体系无法正常运行，系统重要性问题由此凸显出来。巴塞尔委员会认为对系统重要性的识别，应该以金融机构的倒闭对全球经济体系造成的影响程度为依据，而不是从金融机构倒闭的可能性来考量。如果从宽泛的角度来定义，系统重要性是指金融服务的中断会导致全部或者部分的金融系统瘫痪，并且对实体经济有严重的潜在负面影响。当金融服务中断被认为具有系统重要性时，其会对实体经济有明显的溢出效应。

一般而言，大型金融机构的倒闭会对一国宏观经济造成重大不利影响。例如，在雷曼兄弟出现困境的时候，美联储就面临着选择的困境。如果对它进行救助，则意味对经营失败和过度投机的金融机构得不到惩罚，会进一步助长道德风险的积累与蔓延。但是，由于雷曼的巨大资产规模以及在金融市场的影响力，如果倒闭将会带来无法估量的不利影响。最终，美国监管当局决定任由雷曼破产，结果导致全球金融市场大幅动荡，货币市场几近停摆、风险利差加大、债务融资市场几近瘫痪。这是美国忽视金融机构系统重要性而导致金融危机加剧的现实写照。事实证明，任由系统重要性金融机构停业或是破产，对金融市场和经济造成的损失难以估量，监管当局不能轻易为之。显然，对系统重要性金融机构进行预先的风险防范是比较好的监管做法。

根据我国《关于完善系统重要性金融机构监管的指导意见》（银发〔2018〕301号）的定义，系统重要性是指金融机构因规模较大、结构和业务复杂度较高并且与其他金融机构关联性较强，在金融体系中提供难以替代的关键服务。一旦发生重大风险事件而无法持续经营，可能对金融体系和实体经济产生不利影响的程度。2020年12月，我国对国内30家银行进行评估后，发布了《系统重要性银行评估办法》（以下简称《评估办法》）。为完善宏观审慎政策框架和加强系统重要性银行监管，我国监管当局于 2021 年 4 月 2 日发布了《系统重要性银行附加监管规定》（以下简称《附加监管规定》）。至此，针对系统重要性银行的评估和监管规定已基本确定。根据《评估办法》，中国人民银行和银保监会基于 2020 年数据，评估认定了 19 家国内系统重要性银行，包括 6 家国有商业银行、9 家股份制商业银行和 4 家城市商业银行。

二、早期评估系统重要性的标准

2008 年金融危机之前，各国监管当局缺乏对系统重要性金融机构的资产负债情况、关联风险和金融产品等潜在风险的全面了解，导致出现监管失灵的情形。危机后，巴塞尔委员会和金融稳定理事会推出了评估系统重要性的主要标准，以便在各国协调与合作的基础上，对金融机构进行定期的评估和识别。《评估金融机构、金融市场系统重要性的工作指引》（以下简称为《指引》）规定了三个评估系统重要性的主要标准。

1. 规模，指金融机构提供金融服务的总量。当提供的金融服务数量上升时，金融机构的系统重要性也随之加大，当然特定的商业模式和群体结构也起一定的决定作用。衡量规模的指标包括机构的资产负债表规模、表外风险敞口规模以及交易量等。复杂的机构意味着其规模将受到更多的系统性关注。

2. 不可替代性，指当一家金融机构倒闭后，其他金融机构在多大程度上可以提供相同的服务。如果其他机构很难提供相同或类似的服务，则该金融机构具有不可替代性，因而系统重要性将上升。这主要是因为其他金融市场主体对所提供的持续、专门的服务存在依赖，而不是因为与其他机构的资产负债表相联系，才具有系统重要性。当然，确定一家机构在金融服务中的可替代性是较困难的。

3. 相关度，指该机构与金融体系其他机构的关联程度。这一指标需要金融机构之间相互关系、市场与市场之间以及机构和市场之间相互联系的信息。系统性风险可能通过金融体系各部分的直接或间接的相互联系而上升，因此与其他机构相互关联程度高的金融机构的失败对整个金融体系产生更大影响，导致金融体系能够提供的金融服务总数量大幅下降。关联方的数量越大（债权人和客户数量越大），溢出到其他客户和债权人的可能性越大。此外，金融机构的风险敞口规模越大，这些影响越有可能被放大。

巴塞尔委员会宏观审慎工作组认为，除总资产作为规模指标对系统重要性水平具有较好解释力外，其他反映相互关联度和不可替代性的指标解释力都不强，而且数据的获取存在困难。基于以上三个标准，《指引》构建了一个可能的评估框架，即通过序数记分卡排名来评估单家金融机构的系统重要性。有研究指出在衡量上述三个标准的同时，有必要考虑金融体系结构、宏观经济环境、评估目的、范围和地理背景等因素。金融机构的杠杆率、流动性风险、期限错配的程度、介入交易账户业务的程度以及共同风险敞口也可作为衡量系统重要性的辅助标准。如果机构的杠杆率很高且参与大量流动性转换，如批发支付服务、在重要衍生品市场做市等，就可能更为脆弱，它们的倒闭将对系统有很大的破坏性影响。此外，应合理分配各个指标的权重，并在全球、国家和地区等不同范围内科学设定"具有系统重要性"和"不具有系统重要性"之间的临界值，这将在很大程度上影响评估的最终结果。一般而言，规模、复杂度和可替代性是识别系统重要性金融机构的主要标准。当然，在识别全球系统重要性金融机构时还必须考虑国际活跃范围和活跃程度。

根据金融稳定理事会的要求，巴塞尔委员会将研究重点放在全球系统重要性银行（G-SIBs）识别方法上，并以此为基础指导各成员方建立国内系统重要性银行（N-SIBs）的评估框架。对于系统重要性的识别，应以金融机构的倒闭对整个系统和全球经济造成多大影响为依据，而不是从金融机构倒闭的可能性来衡量。① 经过反复讨论与修改，巴塞尔委员会提出了识别和评估全球系统重要性银行的方案，建议采用指标法，即通过选取反映银行影响金融体系稳定的系统重要性指标，对各个指标进行赋值，再采取相应的加总方法形成对系统重要性的评估结果。在指标选取上，巴塞尔委员会建议从全球活跃程度、规模、关联度、可替代性和复杂性 5 个方面选取指标，通过加权平均的方法得出单家银行的基本指标值，根据基本指标值对系统重要性银行进行排序。但考虑到定量指标不能完全反映银行的系统重要性，巴塞尔委员会建议采取定量和定性相结合的方法，即以定量方法为基础，结合定性判断最终形成系统重要性的度量结果。对全球系统重要性金融银行的识别，是以基础指标与全球数据相比后的简单平均数加总后进行排名，再由成员方根据辅助指标和其他监管判断进行调整。

表 4−2　全球系统重要性银行的评估体系

指标类别	内涵	指标内容	指标权重（%）
1. 全球活跃程度（20%）	跨越司法管辖权的业务活动	跨境债权	10
		跨境债务	10
2. 规模（20%）	单个金融机构提供金融服务的总水平	Basel Ⅱ 中计算杠杆率所使用的整体敞口	20
3. 关联度（20%）	与其他金融机构间的联系	银行间资产	6.67
		银行间负债	6.67
		银行发行证券余额	6.67
4. 可替代性（20%）	如该机构倒闭，其他机构能否提供相同服务	托管金融机构资产总额	6.67
		在债券和股权市场上的承销交易	3.33
		交易量	3.33

---

① 巴曙松、高江健：《基于指标法评估中国系统重要性银行》，载《财经问题研究》，2012 年第 9 期，第 49 页。

指标类别	内涵	指标内容	指标权重（%）
5. 复杂性（20%）	业务、结构和运营的复杂程度	场外衍生工具的名义金额	6.67
		第三层次资产	6.67
		交易账户总额和可供出售资产总额	6.67

资料来源：巴塞尔委员会，2011，Global Systemically Important Banks: Assessment Methodology and the Additional Loss Absorbency Requirement.

巴塞尔委员会下属的宏观审慎小组采用"基础指标＋辅助指标"的方法进行具体识别。该小组于 2010 年 10 月 11 日公布了较为详细的指标体系，其主要以总资产（或与 GDP 的比例）作为规模性指标，以银行间总负债和总资产作为关联性指标，并且与非传统银行相关的业务指标（如交易性资产、非利息收入等）、支付结算额、证券交易额及代为管理的资产价值等作为可替代性指标。

从方法论角度看，用指标法对全球系统重要性银行进行识别，既直观易行又便于操作，并没有复杂模型的推导和运用。这不是方法上的"游戏"，而是对识别内容的全面了解，既能涵盖所有重要方面，又不厚此薄彼。当然，一些成员方在自身理解的基础上，提出了略有差异的识别方法。

表 4-3　关于系统重要性金融机构评估方法汇总表

发布机构	时间	报告	系统重要性评估方法
英国金融服务管理局	2009.10	《全球银行业危机的监管对策：系统重要性银行及其影响评估》	规模；关联度，如银行业同盟、同业拆借、交叉持股、同一支付系统成员、关键市场的交易对手；金融机构群，单个金融机构不具有系统重要性，但相似金融机构组成的"群"可能具有系统重要性
美国金融稳定监督委员会	2011.10	《规则制定和解释性指南的提案》	规模、杠杆率、关联度、可替代性、流动性风险和期限错配、监管现状六类评估框架

续表

发布机构	时间	报告	系统重要性评估方法
巴塞尔银行业监管委员会	2011.7	《全球系统重要性银行：评估方法和附加损失吸收能力要求》	全球活跃程度、规模、关联度、可替代性、复杂性，赋予每一项指标20%的权重，赋予各指标下的子指标内容以 6.67%、10%、20% 不等的权重，并允许各国监管当局根据实际情况调整
国际货币基金组织、国际清算银行、金融稳定理事会	2009.10	《金融机构、市场和工具系统重要性的评估指引》	对单个金融机构系统重要性的评估应同时考虑直接影响和间接影响，其中直接影响取决于规模和可替代性，间接影响取决于关联性
德意志银行	2011.8	《识别系统重要性金融机构》	(1) 基于市场的评估方法，包括边际预期差额法（MES）、沙普利值法（Sharpley Value）、在险值协方差法（CoVaR）等；(2) 基于指标的评估方法，包括规模、关联度、复杂性、可替代性等

资料来源：管斌：《系统重要性金融机构监管问题研究》，载《武汉金融》，2012 年第 6 期，第 24 页。

第三节　定期的机构调整

由于全球系统重要性金融机构的规模大、交易对手多以及业务联系广，其往往成为系统性风险的主要聚集地，一旦动荡就会影响整个金融市场的安全和稳定。对要监管的 G‐SIFIS 进行定期的调整，可在一定程度上减少它们的道德风险，提升各国的跨境监管协调能力，防范系统性风险的全球蔓延。

一、机构的识别

在混业经营的金融体制下，G‐SIFIs 引发的系统性风险会被无限放大。一些具有"系统重要性"金融机构的经营行为已经不仅关系到其自身的发展和存续，更影响到全球金融市场的安全和稳定。巴塞尔委员会、金融稳定理事会及国际货币基金组织等重要国际机构提出了识别 G - SIFIs 的标准，因而成为各国加强宏观审慎监管的一个重要维度。作为国际金融监管改革的核心推动力量，金融稳定理事会（FSB）和巴塞尔委员会在成员方的配合与支持下，定期进行全球系统重要性金融机构的识别。

2011 年 11 月 4 日，FSB 在法国戛纳公布了 29 家全球系统重要性金融机构（G - SIFIs）名单。从这些金融机构的分布来看，它们主要集中在三大洲四大经济体中，其中美国和欧盟成员方是主要集中地。在亚洲地区，仅有日本和中国入选，中国银行由此成为新兴市场国家唯一一家入选的金融机构。

巴塞尔委员会采用了指标分级评估法，这折射了竞争力评估的思想，是一个双向选择过程。巴塞尔委员会先用要素搭建结构框架，寻找适当的描述指标，对系统重要性这一核心问题进行分级拆分和具体化；进而选择简洁直观的方法进行量化汇总，逆向汇总指标和要素，得到可以量化展示的评估结果，从中选取具体的银行进入监管名单。量化汇总过程采用了分级等权汇总的方法，巴塞尔委员会收集了全球 73 家银行 2009 年年末数据，按照上述评估方法进行了系统重要性测试，选取 17 个国家的 73 家银行参与评估，将各个指标进行标准化处理后分两级进行等权汇总。首先，在同一要素内将标准化指标进行等权汇总，得到要素得分；其次，将要素得分进行等权汇总，得到系统重要性银行的综合评估结果，从中分级选取系统重要性银行名单。该方法在同一层级内对评估内容采用等权处理（同一要素内指标权重相同，汇总后的要素间权重相同），而不是表面所见的指标权重差异。

从图 4 - 2 的结果来看，柱形图的高低代表了各银行在系统重要性评估中综合得分的多少，从中选取了得分最高的前 27 家银行（为使各银行柱形图的顶端处于同一斜线上，将柱体进行了横向平移，其间隔展示了银行

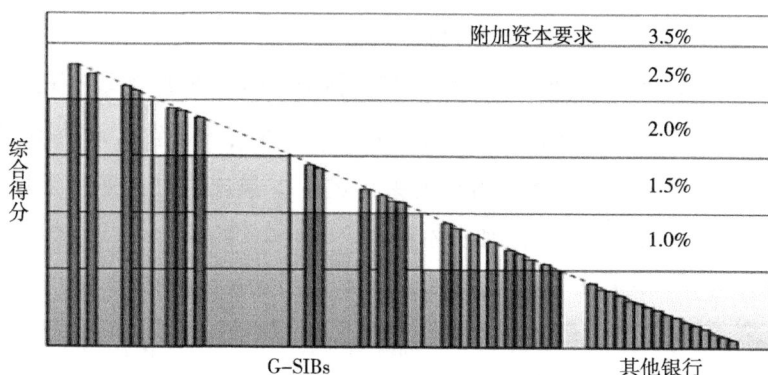

图4-2　2011年全球系统重要性金融机构得分及分布

（资料来源：巴塞尔委员会，2011，Global Systemically Important Banks：
Assessment Methodology and the Additional Loss Absorbency Requirement.）

间得分的差异；入围银行仅显示 22 个柱体，表明部分银行得分相同）入围全球系统重要性银行（G - SIBs）。总数达到 29 家，分布在全球 12 个国家。从规模来看，参与评估的 73 家银行占全球银行资产的 65%，入选银行（不含法国人民银行）在 2011 年全球 1000 家大银行中，一级资本占比38.2%，总资产占比 43.9%。入选银行按得分又分为 4 组，它们分别被要求最低提高 1% 至 2.5% 的附加资本，本国监管当局还可以在这一基础上增加附加资本要求。

　　作为全球金融监管改革的核心推动力量，巴塞尔委员会充分认识到定期监管的重要性。2011 年 7 月，在 FSB 的要求下，巴塞尔委员会从商业银行对整个金融体系的影响入手，确定了以定量指标评估为基础、辅以定性判断来识别 G - SIBs 的指标分级评估法。首先，BCBS 确立了跨境活动、规模、关联性、可替代性和复杂性 5 个要素，并在各个要素下分别选择有代表性的指标，从而将要素内涵具体化，同时注意要素间指标个数的平衡，避免单一指标的过大影响。其次，BCBS 采用分级等权汇总的方法进行量化汇总，其收集了全球 73 家银行 2009 年年末数据。BCBS 将各个指标进行标准化处理后分两级进行等权汇总，得到系统重要性银行的综合评估结果，最后从中分级选取银行名单。

2010 版巴Ⅲ对系统重要性银行规定施加 1% 的附加资本要求。所有入围银行应按照得分区间均分为四组，分别适用 1% 至 2.5% 的附加资本要求。为避免已获得上限得分的银行过度扩张规模，第四组上增设了第五组，其适用 3.5% 的附加资本要求。

表 4 – 4　全球系统重要性银行分组及附加资本要求

组别	分值范围	附加资本要求
第 5 组	D –	3.5%
第 4 组	C – D	2.5%
第 3 组	B – C	2.0%
第 2 组	A – B	1.5%
第 1 组	临界点 – A	1.0%

资料来源：BCBS：《全球系统重要性银行：评估方法和附加损失吸收能力要求》，第 5 页。

2011 年 11 月，巴塞尔委员会发布了《全球系统重要性银行：评估方法及附加资本要求》，公布了首批 29 家全球系统重要性银行名单。其明确了具体的监管要求，如附加资本金、信息披露等方面的具体内容和时间表，后危机时代的系统重要性监管正式提上日程。这一旨在加强对全球系统重要性金融银行的监管、降低金融风险的国际举措会在随后的八年内逐步走向全面实施。这份 G – SIBs 名单每 3 年更新一次，定期（三年至五年）重检评估方法。[1] 2016 年 1 月至 2018 年末，G – SIBs 进入实施额外资本要求的过渡期。2019 年 1 月 1 日起，它们的额外资本标准在全球范围内正式生效。

---

[1] 甄峰：《全球系统重要性银行的确定及其面临的挑战》，载《银行家》，2012 年第 7 期，第 93 页。

表 4 - 5　全球系统重要性金融机构名单

国家	金融机构名称
中国	中国银行
美国	美国银行
	纽约梅隆银行
	花旗银行
	高盛集团
	摩根大通
	摩根士丹利
	道富银行
	富国银行
英国	苏格兰皇家银行集团
	劳埃德银行集团
	巴克莱银行
	汇丰控股
法国	法国巴黎银行
	农业信贷银行
	人民银行
	兴业银行
德国	德意志银行
	德国商业银行
意大利	裕信银行
瑞士	瑞士银行
	瑞士信贷集团
比利时	德克夏银行
荷兰	荷兰国际集团
西班牙	桑坦德银行
瑞典	北欧联合银行
日本	三菱日联金融集团
	瑞穗金融集团
	三井住友金融集团

资料来源：作者整理。

从表 4 - 5 可以看出，选定的 G - SIFIs 主要集中在银行业。这体现了一个普遍共识，即至今系统性风险大多是由银行业的商业活动引起的。2012 年 5 月，日内瓦协会（Geneva Association）2012 年发布了一份题为《反思保险业全球系统重要性金融机构优质认定程序》的报告，其中指出："G - SIFIs 的认定一开始主要是针对银行业，但随着时间推移，保险业也将被纳入。"事实上，FSB 同国际保险监督官协会（IAIS）和国际证监会组织（IOSCO）通过研究，制定了全球系统重要性保险业机构、金融市场设施的评估方法及监管要求。

对于一些"系统重要性"的跨境金融机构，它们一旦陷入困境或倒闭，毫无疑问会带给全球金融业重创，因而成为各国进行跨境金融监管的"核心节点"。从理论依据上分析，对 G - SIFIs 的强化监管是为了防范系统性风险的蔓延以及对道德风险的一定抑制。一方面，这些机构有从事高风险业务的倾向，客观上具有较高道德风险的可能；另一方面，这类机构发生问题后的风险溢出、传染和蔓延，很可能会以灾难性爆发的方式波及整个金融体系。因此，国际社会达成的共识就是对全球系统重要性金融机构的从严监管。

二、机构的调整

对全球系统重要性金融机构的有效识别和定期调整，需要致力于减小道德风险和系统性风险，能让金融机构对于监管做出积极反应，而且能逐渐弱化 G - SIFIs 的系统重要性，以此抑制道德风险问题的发生。当然，指标的选择及权重的确定本身也存在缺陷和人为主观因素。一些成员方认为细分银行系统重要性的意义不大，它的细微差异并不一定导致使用差别的监管要求。但是，系统性风险是动态变化的，金融风险中任何初始因素的变化都会产生"蝴蝶效应"而改变结果。因此，必须充分考虑各因素的动态变化，对 G - SIFIs 进行客观真实的识别。一些机构和组织都积极参与到机构识别的过程中，例如，英国金融时报根据 FSB 公开的指标，列出了

G‑SIFIs 的第一批名单。但是，基于敏感和动荡的国际金融形势，以及识别工作的尚不完善，FSB 当时并没有对此名单有明确的态度。

2012 年 11 月，金融稳定理事会再次公布了最新的全球系统性金融机构名单，将 2011 发布的首批全球系统重要性金融机构由 29 家减至 28 家，中国银行依然为新兴经济体国家和地区中唯一入选的机构。与发布的 29 家机构相比，名单中增加了英国渣打银行和西班牙对外银行，剔除了英国莱斯银行、德国商业银行和比利时的德克夏银行。巴塞尔委员会从 2011 年 11 月起连续三年收集各国大型银行的数据，2014 年 11 月前确定 G‑SIBs 名单，并于 2017 年 11 月前对评估方法进行必要修改。今后，巴塞尔委员会还将根据国际金融监管改革和发展的需要，定期（三年至五年）重检全球系统重要性银行的评估方法。2018 年，有两家 G‑SIBs 的级别发生变化。美国银行由第三级降至第二级，规模指标得分下降 4.83 分，这是推动其降级的第二重要因素。美国银行系统重要性得分由 2017 年的 346.57 分降至 2018 年的 326.44 分，其中复杂性指标得分降幅达到 10.73 分，这是驱动美国银行系统重要性降级的重要原因，主要与美国银行压缩衍生品名义本金和交易性金融资产规模有关。

2018 年，中资机构系统重要性整体上升，3 家中资 G‑SIBs 系统重要性得分均呈现上升态势（见表 4‑6）。工商银行从 268 分升至 283 分；中国银行从 231 分升至 254 分；农业银行从 175 分升至 183 分。规模和复杂性是推动中资银行系统重要性上升的主要原因。中国建设银行由第二级降至第一级，建设银行的系统重要性得分由 2017 年的 251.11 分降至 224.89 分，降幅达 26.22 分，其中复杂性降幅贡献 19.26 分，这是主要影响因素。该行复杂性指标的下降主要与第三类资产和证券承销规模下降有关。

表 4‑6　中国 G‑SIBs 系统重要性得分变化

	年份	规模指标	关联性指标	金融基础设施	复杂性	跨境行为	总得分
工商银行	2017	93.25	59.13	50.01	41.55	24.05	267.99
	2018	98.93	65.66	41.7	51.78	25.35	283.43

续表

	年份	规模指标	关联性指标	金融基础设施	复杂性	跨境行为	总得分
农业银行	2017	75.27	47.03	21.38	26.07	6.19	175.94
	2018	80.01	44.04	19.95	31.74	7.29	183.03
中国银行	2017	70.57	51.53	33.29	20.47	55.17	231.02
	2018	73.52	55.5	46.52	23.54	54.41	253.5
建设银行	2017	80.35	51.45	41.62	66.16	11.54	251.11
	2018	82.7	44.88	36.2	46.9	14.21	224.89

中资银行系统重要性排名不断提升，一方面反映出我国银行的国际影响力持续提升；另一方面也意味着我国大型银行将面临更高的监管要求。除额外资本缓冲要求外，还包括附加杠杆率缓冲要求、总损失吸收能力要求，建立集团恢复与处置计划和定期处置评估要求，满足有效风险数据加总、信息披露、风险治理等方面的要求。

根据 FSB 和标普全球市场财智的数据，按资金规模计算全球最大的银行，中国工商银行评分连续第五年上升，中国农业银行的评分连续第三年上升，而中国银行在连续上升四年之后基本持平。在目前的 30 家全球系统性重要银行中，国际化程度最高的中国银行入选最早，在 2011 年就入选该榜单。2020 年 11 月 3 日，金融稳定理事会（FSB）更新了 G－SIBs 名单，中国建设银行首次入选，加上此前的中国银行、工商银行和农业银行，中国的四家国有大型银行首次聚首在该名单。建设银行也是本次年度评估中唯一新入榜的金融机构。在这份名单中，西班牙 BBVA 银行不被计入榜单，而苏格兰皇家银行（RBS）的资本附加费被要求下调至 1%，这意味着，FSB 认为与一年前相比，这家银行对于全球金融体系而言的重要性有所下降，不需要再像此前持有那么多的额外资本。

2021 年 11 月，金融稳定理事会更新了全球系统重要性银行名单，摩根大通重回第四档位置，法国巴黎银行从第二档升至第三档，同样在这个档位的还有花旗和汇丰，高盛则从第一档升至第二档。上榜的四家中资银行档位较去年没有发生变化。农业银行维持在第一档，其他三家中资银行继续位列第二档。

表 4－7　全球系统重要性银行名单（2021）

等级	全球系统重要性银行
第五档	—
第四档	摩根大通
第三档	法国巴黎银行、花旗、汇丰
第二档	中国银行、中国建设银行、中国工商银行、美国银行、巴克莱、德意志银行、高盛、三菱日联金融集团
第一档	中国农业银行、纽约梅隆银行、瑞信、BPCE 银行集团、法国农业信贷银行、ING、瑞穗金融集团、摩根士丹利、加拿大皇家银行、桑坦德集团、法国兴业银行、渣打银行、道富公司、三井住友金融集团、多伦多道明银行、瑞银集团、裕信银行、富国银行

资料来源：FSB，财联社。

中国农业银行作为 G－SIBs 第一档银行，自 2025 年起资本及总损失能力要求不低于 19.5%，2028 年起不低于 21.5%。作为第二档银行，中国银行、工商银行和建设银行自 2025 年起资本及总损失能力要求不低于 20%（含储备资本要求和 G－SIBs 附加资本要求），2028 年起不低于 22%。截至 2022 年 3 月末，我国农业银行、中国银行、工商银行和建设银行的资本充足率分别为 17.18%、16.64%、18.25% 和 17.91%，与 2028 年起要求的资本及总损失能力的差距分别为 4.32%、5.36%、3.75% 和 4.09%。

目前，金融稳定理事会对中行、工行、农行、建行的附加资本要求均为 1%；对汇丰（HSBC）和摩根大通（JP Morgan Chase Co.）的附加资本要求最高，为 2.5%；巴克莱银行（Barclays）、花旗集团（Citigroup）等为 2.0%；美国银行（Bank of America）、瑞士信贷（Credit Suisse）等为 1.5%。中国四家国有银行的入选，意味着其将接受更严格的金融监管，参与更激烈的全球市场竞争。

第四节　严格的 G – SIFIs 监管

全球系统重要性金融机构名单的选定，有利于国际金融组织有针对性地提出监管措施，确定监管 G – SIFIs 的具体目标，也有利于各方通过相互支持、相互沟通和相互配合的方式对此类机构进行严格监管。

一、对风险预防机制的完善

对于全球系统重要性银行，巴塞尔委员会认为强化监管的目标主要有两个：一是通过提高损失吸收能力以降低其倒闭的可能性；二是通过改善恢复和处置机制来降低其倒闭造成的外部冲击。金融稳定理事会提出了三个目标：一是保持此类机构向金融体系和更广泛的实体经济提供服务的功能；二是避免不必要的金融资产损失和对金融体系其他部分造成直接或间接的恐慌；三是确保损失的风险由股东和无担保债权人承担，而不是由纳税人承担。综合来看，BCBS 的监管目标主要在于风险预防和危机处置。为提高 G – SIFIs 的风险防范能力，降低其陷入破产困境的风险，可从两个方面建立风险预防机制：

其一，施加更高标准的资本、流动性和杠杆率要求，从而提高损失吸收能力。金融机构的系统重要性越高，监管标准就越高，监管要求就越严格。通过提升金融机构的抗风险能力，减少其因"大而不倒"地位所获得的竞争优势，激励金融机构调整高风险业务模式。金融稳定理事会和巴塞尔委员会都提出了对系统重要性金融机构的应急资本（contingent capital）和自救安排债务工具的要求，即在出现经营危机时将应急资本和自救债务工具转化为股权，以提高损失吸收能力，并且由债权人承担损失以减轻政府财政负担。

其二，采用结构性限制措施，即对系统重要性金融机构的业务范围、经营活动范围、规模等进行限制，从而降低其系统重要性。采取结构性措施的典型是美国《多德—弗兰克法案》中引入的"沃尔克规则"，即限制大型金融机构从事高风险的自营交易。其限制商业银行与对冲基金和私募股权基金的关系，特定情况下银行的对冲基金、私募股权基金的投资额不得超过基金总资产和银行自身一级资本的3%。另外，BCBS 规定大型金融机构在并购公司交易后的并表负债总额，不得超过所有金融公司前一年度并表负债总额的10%，以此来限制大型金融机构的规模和集中度。

二、对危机处置机制的健全

对危机处置机制的健全，可以让 G－SIFIs 在陷入困境时，能够得以恢复或者有序地退出市场，从而防止系统性风险的蔓延。目前来看，对全球系统重要性金融机构的危机处置机制主要有以下三个方面。

其一，明确监管当局的处置权力和处置工具，包括对问题金融机构的可处置性进行评估、解散董事会和高管、终止或履行合同、转移或出售资产、清理债权债务和临时性接管等。2011 年 7 月，FSB 提出要预先设定有序的风险处置和清算安排，明确监管当局的处置权力和工具，并且针对每一个 G－SIFIs 成立专门的危机管理工作组（Crisis Management Group, CMG）。其可以制定恢复和处置计划（Recovery and Resolution Plans, RRPs），以及建立母国和东道国的跨境合作协议，从而加强协调和信息共享，消除处置中的法律和制度障碍。采取有序的风险处置和清算安排的主要目的有三个：（1）使无法生存的 G－SIFIs 有序退出市场，以强化市场纪律和约束；（2）确保 G－SIFIs 倒闭时实现快速、有序地清算，确保重要经济功能可持续，以及关键的金融服务不会中断，避免金融体系产生混乱；（3）由 G－SIFIs 的股东和无担保债权人承担倒闭损失，避免使用公共财政承担救助成本造成纳税人负担，降低政府提供隐性担保的预期。

其二，明确风险处置机制的主要措施。FSB从两方面进行规定：一是稳定措施，包括向第三方（直接或通过过桥机构间接）出售或转移风险机构全部或部分股权、业务，或由官方指定机构提供重要功能，或由债权人提供资金、实现债务重组，以此确保系统重要性金融服务、支付、清算和结算功能不会中断；二是清算措施，包括有序关停部分或所有机构业务，按照存款保险机制和投资保障机制，保护储户、保单持有者和其他零售业务客户的资金安全。FSB允许各国负责风险处置的部门采用公有化持股或通过临时性筹资，来维持核心功能并实现有序处置。最终，负责风险处置的部门可从股东和无担保的债权人那里弥补处置成本。因此，各国有必要建立存款保险基金，或者建立事后从行业筹集资金以弥补处置成本的机制。

其三，建立有效的跨境监管合作机制。在金融全球化背景下，单个国家的监管当局难以对其实施有效的监管，而应依赖于监管当局之间的跨境合作。巴塞尔委员会在《跨境银行处理组报告及建议》中指出，某些大机构在金融体系中起到中枢作用。针对全球系统重要性金融机构的跨境监管合作，有赖于各国通过立法消除监管合作和信息共享的障碍，也可通过跨国金融机构的母国和东道国监管当局的协调，签署跨境监管合作协议的方式来实现。

在工作机制上，FSB要求母国和主要东道国当局应本着加强预防、便于管理和促进跨境危机处置的目标，建立针对所有全球系统重要性金融机构的危机管理小组。其中的成员包括中央银行、监管当局、处置当局、财政等部门，负责开展工作协调和信息共享。FSB希望建立G-SIFIs的全球统一的监管标准来进行更严格的监管。这种监管的严格性体现在风险管理功能、风险数据收集和内部控制等方面。

各国监管当局有必要结合本国金融发展水平和金融机构状况，适当采纳巴塞尔委员会和FSB提出的相关建议。从协调与合作角度来看，它们应该按照"共同制定和共同实施"和"适当兼顾差异"的原则，重新修改有关监管规则和标准，增强其内容的普适性，促进实施的自觉性，从而有利于对全球系统重要性金融机构的严格监管。

近年来，我国银行规模持续增长，关联度和复杂性不断增加，有必要对系统重要性较高的银行提出更高的监管要求。中国人民银行、中国银行保险监督管理委员会发布的《系统重要性银行附加监管规定（试行）》于 2021 年 12 月 1 日起施行，主要内容包括：（1）明确附加监管指标要求，包括附加资本、附加杠杆率等。系统重要性银行分为五组，分别适用 0.25%、0.5%、0.75%、1% 和 1.5% 的附加资本要求，并且可以根据宏观经济形势或金融风险变化进行调整；（2）明确恢复与处置计划要求，系统重要性银行应拥有充足的资本和债务工具，增强总损失吸收能力，在经营困难时能够通过减记或转股的方式吸收损失，并且实现有序处置；（3）明确审慎监管要求，包括信息报送与披露、风险数据加总和风险报告等。根据要求，系统重要性银行应每年通过官方网站或年度报告披露资本充足率、杠杆率、流动性、大额风险暴露等监管指标情况，并说明附加监管要求满足情况。我国监管当局可基于监测分析和压力测试结果，适时向系统重要性银行提示风险，督促此类机构降低风险。经过评估，监管当局认定了 19 家国内系统重要性银行，其中已入选全球系统重要性银行的四家国有银行全部进入 D – SIBs 的第四组，应执行 1% 的附加资本要求，反映出 D – SIBs 更加注重符合我国实际要求。《附加监管规定》的出台标志着我国对系统重要性银行的监管框架基本确立，有助于健全我国宏观审慎政策框架，补齐系统重要性银行监管制度短板，促进了与国际金融监管规则的接轨。

现行全球金融监管体制上的缺陷，促使 FSB 和 BCBS 注重对全球系统重要性金融机构进行定期的严格监管。未来五年到十年，中国经济仍将保持稳定增长，中国银行体系也会不断扩大。同时，随着我国的金融体系更加开放，其与全球金融体系的联动将有所提升，这将导致中资大型银行的系统重要性进一步提升。中国四家银行的全部入选，意味着它们面临新的机遇和严峻挑战。一方面，这将限制中国银行在全球拓展过程中的冒险行为，因为会让它们承受更多的资本达标压力。例如，为了达到更高的资本充足标准，中国的 G-SIFIs 将不得不采取股权筹资、留存盈利等方式补充资本金。另一方面，它们需要符合国际和国内双重监管标准，需要考虑全球范围内所有的合规与法律风险。面对严格的监管要求，中国的 G-SIFIs 可能会在一定程度上控制扩张速度、压缩高风险业务和减少分红。这可能会降低它在全球经济潜在的增长水平，降低它对投资者的吸引力，也就相应限制了它在全球业务扩张的速度与能力。从现阶段来看，中国金融体系的风险仍会集中在国内，对于全球体系的风险溢出是有限的，因此由中国金融体系向全球金融体系输送风险，形成系统性危机的可能性极低。金融运行是一个动态发展的过程，金融监管的模式正从僵化的合规监管转化为一种动态调整的风险监管，即通过定期的风险评估来强化 G-SIFIs 的风险管理水平，这将有助于此类机构实现金融安全与运营效率的双重兼顾。

第五章 定位的监管

——中国银行

跨境金融机构的全球化运营暴露出的监管缺陷，以及政府在巨额救援过程中的力不从心，凸显了强化全球系统重要性金融机构监管的必要性。对此类机构进行严格的监管已经成为当前国际金融改革的一个重要组成部分，其原因主要在于防范系统性风险的全球蔓延、抑制金融机构的道德风险和促进国家之间的跨境监管协调。在金融全球化不可逆转的时代，"风险为本"的监管模式是动态且前瞻的，其要求对风险暴露突出的金融机构进行严格的定位监管。因此，对 G–SIFIs 的严格监管，需要各国给予步调统一、目的一致且互不冲突的密切配合，需要跨境金融监管协调水平的进一步提升，才可有效避免因此类机构陷入困境或濒临倒闭而导致对全球金融系统造成的重大不利影响。

第一节 中国银行的全球化运营

中国银行是我国历史最悠久的商业银行之一，也是最早向海外发展的中资银行。在国际经济呈现分化新格局的背景下，中国银行结合自身实际情况，审慎制定全球化运营规划，加快构建全球一体化服务体系，从而能够在全球范围配置资源，助力国内资本市场双向开放。

一、国际化拓展

1912 年 2 月，中国银行正式成立。继 1917 年在中国香港设立经营性分支机构之后，中国银行于 1929 年成立伦敦分行，这是我国银行业在国外设立的第一家分支机构。改革开放以来，中国银行牢牢抓住利用外资的历史机遇，充分发挥长期经营外汇业务的独特优势。经过近百年的发展，中国银行已经成为我国全球化和综合化程度最高的银行（见图5-1），形成了以商业银行为主体，涵盖证券、保险、基金、投资银行、资产管理、金融科技、金融租赁和飞机租赁等多个领域的综合服务平台。

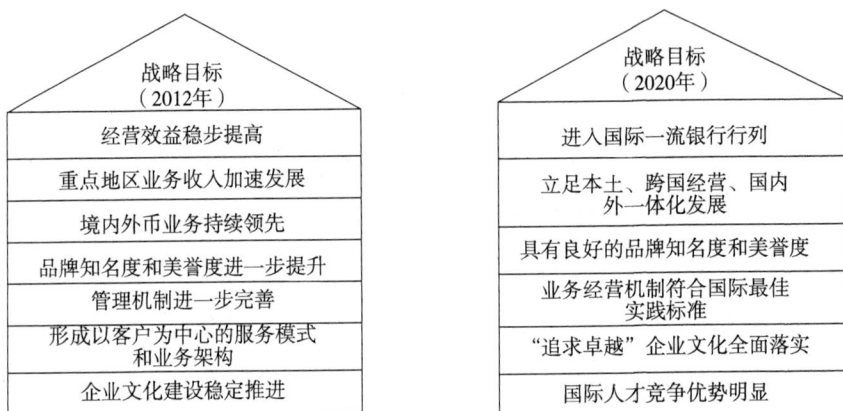

战略目标（2012年）	战略目标（2020年）
经营效益稳步提高	进入国际一流银行行列
重点地区业务收入加速发展	立足本土、跨国经营、国内外一体化发展
境内外币业务持续领先	具有良好的品牌知名度和美誉度
品牌知名度和美誉度进一步提升	业务经营机制符合国际最佳实践标准
管理机制进一步完善	"追求卓越"企业文化全面落实
形成以客户为中心的服务模式和业务架构	国际人才竞争优势明显
企业文化建设稳定推进	

图5-1 中国银行的战略目标（2012—2020）

（资料来源：《中国银行2010年社会责任报告》，第10页）

面对全球金融市场的日新月异，中国银行确定了立足于本土，进行海内外一体化发展的战略定位，明确了建设国际一流的大型跨国银行的战略目标。2022年，迎来110周年华诞的中国银行，正在构建以境内商业银行为主体、全球化综合化为两翼的战略格局，奋力建设全球一流现代银行集团。一直以来，该行坚持稳健经营风格，构建以市场为导向、以科技为引领、以客户为中心的全球服务模式。全球化和综合化运营是百年中行的基因传承，其境外服务网络覆盖61个国家和地区（见表5-1）。自2015年至2020年12月31日，中国银行在"一带一路"沿线累计跟进境外重大项目逾600个，累计完成对"一带一路"沿线国家和地区各类授信支持逾1851亿美元。① 2021

---

① 中国银行：《中国银行股份有限公司2020年报》，第13页。

年7月，中国银行印发"十四五"发展规划，提出找准集团在国内大循环和国内国际双循环中的位置和比较优势。以构建全球化客户服务体系为基础，中国银行主要采用设立分支机构和中国业务柜台方式拓展海外机构，在全球范围拓展客户服务网络。

表5-1 中国银行的全球客户网络拓展

时间	全球客户服务网络拓展
2008年	新设8家海外机构，包括澳大利亚好事围和珀斯分行、韩国九老分行、加拿大万锦支行、印度尼西亚泗水分行以及澳门分行财富管理中心（四季酒店）等分支机构
2009年	新设10家海外机构（香港地区除外），其中中国银行（巴西）有限公司开业标志着中国银行完成了在世界五大洲设立经营性分支机构的布局，填补了南美洲无中资金融机构的空白
2010年	新设的12家海外机构是首批获准在台湾地区设立机构的大陆银行，中国银行于2010年9月24日设立台北代表处。同时，海外的第一家中国业务柜台在阿曼首都马斯喀特正式营业①
2011年	新设12家海外机构。在土耳其设立伊斯坦布尔代表处，在日本、加拿大、澳大利亚、印度尼西亚、哈萨克斯坦、匈牙利和赞比亚等国家增设二级机构
2012年	台北分行开业，成为首家在台开业的大陆商业银行分支机构；斯德哥尔摩分行开业，成为中资银行在北欧地区设立的第一家营业机构；波兰分行开业，扩大了中行在中东欧地区的机构网络；中国银行中东（迪拜）有限公司开业，是中行在中东地区设立的第一家经营性机构。② 在阿曼、加纳、秘鲁、芬兰、土耳其、乌干达等国家开设六家中国业务柜台，服务网络进一步扩大
2013年	新增7家海外机构。里斯本分行开业，是首家由中资银行在葡萄牙设立的经营性机构；乌兰巴托代表处开业，是首家由中资银行在蒙古国设立的常设机构；在澳门、马来西亚、印尼、德国、意大利、俄罗斯、加拿大增设9家二级机构
2016年	全球化布局迈上新台阶，海外机构覆盖51个国家和地区，包含19个"一带一路"沿线国家。积极支持与"走出去"企业、中国内地与沿线国家和地区之间开启交流窗口，持续推进海内外一体化发展
2017年	海外机构覆盖全球53个国家和地区，包括22个"一带一路"沿线国家。继续优化"一带一路"海外机构布局，持续推进东南亚地区机构整合，助力东南亚地区"一带一路"建设，是沿线布局最广的中资银行

---

① 中国银行：《2010年企业社会责任报告》，第18页。
② 中国银行：《中国银行股份有限公司2012年报》，第40页。

续表

时间	全球客户服务网络拓展
2018 年	海外机构覆盖全球 56 个国家和地区，包括 23 个"一带一路"沿线国家。中国银行科伦坡分行、中国银行（土耳其）股份有限公司相继开业，进一步完善"一带一路"沿线布局
2019 年	共拥有 557 家海外分支机构，覆盖全球 61 个国家和地区，包括 25 个"一带一路"沿线国家。中国银行孟买分行、中国银行（卢森堡）有限公司雅典分行、中国银行（匈牙利）有限公司布加勒斯特分行和中国银行布宜诺斯艾利斯分行等机构相继开业，进一步完善了"一带一路"沿线布局
2020 年	持续优化全球化网络布局，共拥有 559 家海外分支机构，在内地及境外 61 个以上的国家和地区设有机构

资料来源：根据中国银行 2008—2020 年年报整理。

中国银行以满足客户多种需求为出发点，持续深化欧洲和东南亚等境外机构的建设工作，制定差异化发展策略，有效提升了境外机构的可持续发展能力。2013 年末，中国银行的境内外机构共有 11483 家，其中内地机构有 10863 家，中国香港、澳门和台湾地区及其他国家机构 620 家。2021 年末，该行境内外机构共有 11452 家，其中，中国内地机构 10902 家，中国香港、澳门、台湾地区及其他国家机构 550 家。中国内地商业银行机构 10382 家。

表 5-2　中国银行分支机构和员工的地区分布情况

单位：百万元人民币/家/人（百分比除外）

项目	资产总额情况		机构情况		人员情况	
	资产总计	占比	机构总量	占比	员工总数	占比
华北地区	7564504	29.19%	2066	17.89%	62157	20.11%
东北地区	818379	3.16%	905	7.84%	24177	7.82%
华东地区	5404172	20.86%	3529	30.55%	91941	29.75%
中南地区	3892462	15.02%	2778	24.05%	67222	21.75%
西部地区	1833965	7.08%	1713	14.83	37815	12.23%
香港澳门台湾	4306679	16.62%	428	3.71%	19495	6.31%
其他国家和地区	2090165	8.07%	131	1.13%	6277	2.03%
抵销	(1507667)					
合计	24402659	100.00%	11550	100.00%	309084	100.00%

注：各地区资产总额占比情况基于抵销前汇总数据计算。

资料来源：根据中国银行 2020 年年报整理。

2020 年，中国银行稳步推进海外机构布局，与全球 1400 余家机构建立代理行关系，为跨国机构和企业提供国际结算、债券融资、外汇交易、投资托管、全球现金管理等金融服务。① 该行高质量共建"一带一路"，使全球服务网络进一步延伸。中国银行始终坚持审慎的经营风格和系统观念，确立了以国内商业银行为主体、全球化综合化为两翼的战略发展格局，提升了为全球客户提供全面金融服务的能力。中国银行持续加大跨境人民币业务的拓展力度，为 116 个国家和地区的代理行客户开立跨境人民币同业往来账户 1485 户，成为境外央行等主权类机构、商业银行和交易所的人民币清算主渠道和人民币业务主要合作银行。通过推广人民币跨境支付系统（CIPS），中国银行与 359 家境内外金融机构签署间接参与合作协议。

新冠肺炎疫情在 2020 年席卷全球，中国银行的境内外机构风雨同舟，迅速统筹调配防疫物资，向境内外 57 个国家和地区提供防疫物资超过 1000 万件。面对严峻的疫情挑战，中国银行统筹疫情防控和金融服务，在积极做好债券投资业务经营的同时，持续增强其线上线下一体化服务能力，扎实提升投资业务的全球一体化管理水平。目前，中国银行的海外企业网上银行已覆盖 51 个以上国家和地区，并且支持 15 种语言服务。依托海内外一体化网络金融服务平台，该行的海外机构线上服务能力得到了增强。通过强化风险防控和克服疫情影响，中国银行为全球金融市场提供了稳定的报价服务，保持了其在全球运营的有序和畅通。

2020 年，中国银行成功发行 50 亿澳门元等值双币种中小企业专项（疫情防控）社会责任债券，这是国际市场首笔抗疫主题债券。另外，在国际市场成功发行 9.39 亿美元等值双币种蓝色债券，这是全球首笔商业机构蓝色债券。这一年，中国银行发行的熊猫债市场排名第一，承销量为 174 亿元。尽管面对严峻的疫情挑战，中国银行的境内人民币贷款新增创历史新高，普惠型小微企业贷款余额 6117 亿元，较上年末增长 48%。制

---

① 中国银行：《中国银行股份有限公司 2020 年报》，第 31 页。

造业中长期贷款余额增长 34.1%，且制造业贷款占比保持中资大型银行较高水平。2020 年末，中国银行的海外商业银行客户存款、贷款总额分别折合 4851.44 亿美元、4077.97 亿美元，比 2019 年末分别增长 6.80%、4.58%。这一年，中国银行对集团利润总额的贡献度为 18.83%，实现利润总额 67.28 亿美元。2021 年实现 6055 亿美元收入，同比增长 7.1%。净利润 2165.59 亿美元，较上年同期增长 12.3%。从中可见，中国银行正循序渐进地推进国际化进程，成为提供综合化和一体化服务的国际一流大银行。

二、多元化运营

作为我国银行业发展的一个缩影，中国银行坚守着服务实体经济的初心，着力构建协同顺畅且功能齐全的综合运营模式。多年以来，中国银行围绕境内商业银行的主体地位，将多元化经营视为全球化战略发展的重要组成部分，先后建立内地银行体系的第一家证券公司、第一家保险公司和第一家租赁公司，率先涉足直接投资、投行、保险和租赁等非商业银行业务。该银行的业务范围涵盖商业银行、投资银行和保险领域，旗下的中银香港、中银国际、中银保险等控股金融机构，在全球范围内为个人和公司客户提供全面和优质的金融服务。凭借着独特、全面的金融业务平台，中国银行可以提供商业银行、投资银行、保险和资产管理等全方位的金融服务。

经过长期持续的努力，中国银行不断完善综合经营布局，成功打造了一个多元化经营的集团，形成了独特的竞争优势和品牌魅力。该银行的多元化业务基本跨越了准入和布局阶段，主要任务是转型升级、快速发展和提升为客户提供全面金融服务的能力。中国银行将发挥多元化平台与核心商业银行业务的协同效应，即将集团发展战略与各子平台战略有机结合起来，促进业务联动和交叉销售，充分发挥整体合力的作用。在信息技术深入渗透各领域的新形势下，中国银行正在充分利用国际化网络和多元化平台的竞争优势,进一步升级其特有的核心竞争力。

其一,实施"数字中银+"科技创新战略。中国银行围绕集团发展规划,不断增强智能化和数字化发展能力,深化生物识别和人工智能等新兴技术的应用,深入推进全流程数字化转型,努力打造支持产品敏捷创新、客户精准服务、运营集约高效且风控智能灵活的数字化共享平台。顺应移动互联的迅猛发展趋势,中国银行依托智能环球交易银行平台,为中小企业客群提供移动端增值服务,推动网点从流程智能化走向流程、营销、服务和管理全领域数字化,致力于打造"数字中银+"品牌。该行积极把握银行数字化发展趋势,持续迭代升级手机银行,推动线上业务快速增长。2020年,中国银行电子渠道交易金额达到274.97万亿元,同比增长12.80%。其中,手机银行交易金额达到32.28万亿元,同比增长14.14%,成为活跃客户最多的线上交易渠道。该行积极把握银行数字化发展趋势,贯彻"移动优先"策略,持续推动线上业务快速增长。2021年,中国银行电子渠道交易金额达到324.97万亿元,同比增长18.18%。其中,手机银行交易金额达到39.38万亿元,同比增长22.00%。

表5-3 中国银行网银客户数变化

单位:万户(百分比除外)

项目	2021年12月31日	2020年12月31日	2019年12月31日
企业网银客户数	648.12	543.51	461.63
个人网银客户数	19878.57	19422.67	18230.62
手机银行客户数	23518.05	21065.24	18082.26

单位:亿元人民币(百分比除外)

项目	2021年	2020年	2019年
企业网银交易金额	2770901.85	2321660.28	2043340.71
个人电子银行交易金额	456744.06	406204.97	363668.25
手机银行交易金额	3931765.11	322770.28	282785.69

其二，积极发展绿色金融。2021 年，中国银行将绿色金融作为重点发展领域之一，持续推动绿色金融建设。该行专门制定《中国银行"十四五"绿色金融规划》，明确将绿色金融作为重点工作方向，力争成为绿色金融服务首选银行。中国银行积极参与海外的绿色低碳建设，先后授信支持世界最大光伏电站——阿布扎比 1.5GW 太阳能光伏电站、世界最大光电综合体——迪拜 950MW 光热光伏一体化电站等一批标志性项目。中国银行制定企业网银绿色通道，简化企业签约流程，快速推出疫情捐款服务。

其三，支持国家重大区域发展战略。（1）贯彻国家普惠金融和乡村振兴战略，完善村镇银行集团化管理架构，推动中银富登投资管理型银行在雄安新区开业。（2）搭建起一体化的区域综合经营服务平台。中国银行打造综合金融服务示范区，加大重点区域资源配置力度，深化区域联席会机制。中银集团投资、中银资产与深圳市分行共同探索开展粤港澳大湾区科创企业投贷联动金融服务新模式。中国银行协助多个中概股企业完成香港第二次上市，协助上海陆家嘴国际金融资产交易市场股份有限公司、小鹏汽车等在美国上市融资。

中国银行的多元化经营战略，得到了银行同业、国内外客户和权威媒体的广泛认可。2021 年是中国"十四五"开局之年，中国银行坚持集中、共享、整合、智慧和开放的理念，加快推动全渠道转型升级，构建以客户体验为中心，将线上和线下进行有机融合的业务生态圈。在完成战略规划任务的基础上，中国银行持续进行全面数字化转型，加快建设以国内商业银行为主体，全球化和综合化为两翼的战略发展格局，致力于成为中国银行业的价值创造者和机制探索者。

表 5-4　中国银行历年运营业绩（2015—2021 年）　单位：元

全年业绩	2021 年	2020 年	2019 年	2018 年	2017 年	2016 年	2015 年
利息净收入	425142	415918	390.05	372.93	338389	306048	328650
非利息收入	180417	149613	159.132	131177	144889	177.582	145671
营业收入	605559	566531	549.182	504.107	483278	483.633	474321
业务及管理费	(170602)	(151149)	(153.782)	(141.610)	(136963)	(135.820)	(134.213)

续表

全年业绩	2021 年	2020 年	2019 年	2018 年	2017 年	2016 年	2015 年
资产减值损失	(104220)	(119016)	(102153)	(99.294)	(88161)	(89.072)	(59.274)
营业利润	276131	245124	249.537	228485	222229	220.011	230376
利润总额	276620	246378	250.645	229.643	222.903	222412	231571
净利润	227339	205096	201.891	192435	184986	184.051	179417
归属于母公司所有者的净利润	216559	192870	187.405	180.086	172407	164.578	170845
扣除非经常性投益后归属于母公司所有者的净利润	215829	192816	186.426	178.849	170095	143.841	169847
普通股股息总额	N. A.	57994	56228	54167	N. A.	49457	51518

资料来源：作者根据中国银行年报（2015—2021）整理。

2022 年，中国银行认真落实"六稳"、"六保"要求，主动对接国家政策，深耕"八大金融"，资产负债稳步增长。截至 2022 年 3 月末，集团资产总额 27.46 万亿元，比年初增长 2.76%；负债总额 25.06 万亿元，比年初增长 2.84%。主要指标保持在合理区间，平均总资产回报率（ROA）为 0.89%，净资产收益率（ROE）为 12.06%。从中可见，中国银行克服了疫情反复的影响，提升了服务实体经济的能力，在提升发展质量方面继续砥砺前行。

第二节　全面的风险防范与管理

对全球化经营的金融机构而言，无论是在研发或创新等方面的实力较量，还是在客户心目中品牌或品质等方面的争夺，或者在国际金融市场上以产品或服务为工具的"短兵相接"，它们最终都将归结为风险管理能力的竞争。金融风险的多元化和扩散化，需要全方位和全过程的风险管理。因此，美国反虚假财务报告委员会下属的发起组织委员会（COSO）在

《内部控制整体框架》的基础上给出了全面风险管理（Enterprise – wideRiskManagement，ERM）的定义。

《巴塞尔协议Ⅱ》体现了这一具有前瞻性的管理理念。在挑战中拓展的中国银行，深入领会全面风险管理的理念，创新性地提出了"大风险管理模式"，构筑了"三道防线"的内部控制体系。面对日益严格的监管政策和规则，中国银行始终着力提高自身风险管理的前瞻性，从多个层面建立有效的全面风险防范与管理模式。

一、全面风险管理理念的采纳

20 世纪末期，银行业兼并浪潮的兴起以及金融工具的不断涌现，使得金融风险的种类日趋多样，导致单一风险管理模式力不从心。历史不止一次印证的事实是银行史上几乎所有的破产案都是多种风险共同作用的结果。金融市场的迅猛发展和客户需求的不断变化，这些都需要银行在提供优质金融服务的同时，对其内在的风险进行妥善和全面的管理与控制。

（一）全面风险管理的探索

风险是一种变量，它能够使结果偏离预期的目标。[1] 全面风险管理已经成为国际化银行确保安全运营的必然选择。它是以先进的风险管理理念为指导，以全球的风险管理体系、全面的风险管理范围、全程的风险管理过程、全新的风险管理方法、全员的风险管理文化为核心的管理模式。1993 年，詹姆斯·林（James Lam）尝试整体管理信用风险、市场风险和操作风险，他在富达投资公司正式设立全面风险管理项目，这可被认为是对全面风险管理的最早探索。在《企业风险管理》中，他将全面风险管理定义成一个通过对市场风险、信用风险、操作风险、经济资本和风险转移

---

① （加）王勇，（中）关晶奇，隋鹏达编著：《金融风险管理》，机械工业出版社 2020 年版，第 57 页。

进行管理，以便最大限度地提高公司价值的综合管理框架。① 该书第一次系统地阐述了全面风险管理框架，其包括公司治理、部门管理、组合管理、权益方管理、风险转移、风险分析、数据与技术资源七个方面。

一般而言，全面风险管理是在企业运营过程中管理各类风险，这需要使用科学的标准、方法和数据来评估所有业务部门的风险。2003 年 9 月，COSO 委员会（Committee of sponsoring organizations of the Treadway commission）推出《全面风险管理框架》（即 ERM 框架），认为全面风险管理是一个过程，并且从企业战略制定一直贯穿到企业的各项活动之中，其核心是八个相互关联且相互制约的要素，即目标设定、事件识别、风险评估、风险对策、控制活动、控制环境、信息和交流、监控。也就是说，全面风险管理是企业围绕设定的总体经营目标，在企业经营过程中实施风险防范和管理的基本过程。设立一个专门负责风险管理的部门，并不意味着就实现了全面风险管理，董事会在其中发挥着非常重要的作用。全面风险管理过程是一个全员参与的行为流程，它涉及了企业经营管理的各个方面，其中需要培育良好的风险管理文化，并且需要通过持续的改进来提升全面风险管理理念和技术，从而确保企业战略目标的最终实现。

（二）全面风险管理理念的运用

从《巴塞尔协议 I》的相关规定来看，其对资本充足率指标的重视，意味着传统的资产负债管理开始走向现代的风险资产管理模式，这有利于全球银行业的安全经营。当然，研究者也注意到其显现出的一些不足之处。从风险资产的计算来看，该协议对资本充足率的规定仅涉及信用风险，并且没有考虑到同类资产不同信用等级的差异，因而难以准确评估银行资产面临的真实风险状况。从银行的角度来看，它们往往会更关注资本充足率的达标，而可能忽视其他因素所带来的负面影响。显然，仅仅重视

---

① （加）陈公越，（加）于盟，许威：《金融风险测量和全面风险管理理论、应用和监管》，上海科学技术出版社 2011 年版，第 5 页。

信用风险不足以防范银行业的风险，有必要对利率风险、市场风险、操作风险和流动性风险等进行定期评估。

1994年4月，巴塞尔委员会和国际证券代理组织公布了一项关于风险管理的联合报告，其比较全面地描述了银行改善内部风险管理的七种重要因素，主要包括明确管理风险的责任和权力、管理高层制定总体策略、审计人进行风险评估、进行"压力测试"，并且要注重提交资料的及时性和可靠性等。1997年9月，巴塞尔委员会在总结各国银行风险防范实践经验的基础上，发布了《有效银行业监管的核心原则》（以下简称《核心原则》）。它成为判断有效银行监管的最低标准，使全方位风险监控贯穿于银行运营的全过程，有助于银行建立风险防范和管理信息系统。1998年，巴塞尔委员会制定了《银行机构内部控制制度框架》，其中都主张对信用风险、市场风险、操作风险和流动性风险等各类风险进行全面管理。在银行监管改革的过程中，成员方开始重视加强市场纪律，认为这会促进银行正确地评估和管理风险。

《巴塞尔协议Ⅱ》并没有专门规定全面风险管理，也没有明确"什么是"或者"如何实现"全面风险管理，但却充分体现了全面风险管理理念。该协议规定："银行监管者必须确定银行是否具备与其业务性质及规模相适应的完善的内部控制制度。"通过加强对信用风险、操作风险和市场风险这三大风险的全面覆盖，有助于银行实现全面风险管理的目标。显然，银行有必要不断采用更先进的风险管理技术和手段，持续完善风险管理的组织架构，才能更好地防范变幻莫测的金融风险。《巴塞尔协议Ⅱ》的出台标志着现代银行风险管理的变化，就是由过去单纯的信用风险管理模式转向全面风险管理模式，这有利于实现风险管理理念、标准和目标的统一。该协议主张通过量化方法全面计量银行面对的各类风险，判断出银行的风险承受能力，进而采取相对应的风险防范和管理措施。为了增强资本充足率计算方法的灵活性，《巴塞尔协议Ⅱ》对信用风险、市场风险和操作风险分别规定了不同的度量方法（见表5-5）。

表 5-5 三类风险的度量方法列表

风险分类	可以采用的方法
信用风险	标准化方法（根据 1988 年《巴塞尔协议》）
	内部评级初级法
	内部评级高级法
市场风险	标准化方法
	内部模型法
操作风险	基本指标法
	标准化方法
	高级计量法

资料来源：（美）乔瑞著：《金融风险管理师考试手册》，中国人民大学出版社 2011 年版，第 579 页。

1. 信用风险

信用风险（Credit Risk）又称违约风险，指交易对手未能履行约定义务而产生经济损失的风险。从传统的风险防范角度来看，即使各类金融风险彼此交迭，但信用风险依然是发生银行经营问题的主要原因。20 世纪 80 年代初，由于受到债务危机影响，信用风险给国际银行业带来了相当大的损失，致使传统的以资产大小为实力象征的观念受到挑战，银行普遍开始注重对信用风险的防范与管理，取而代之的是资本至上的理念。《巴塞尔协议 I》针对信用风险进行了规定，资本充足率就是针对信用风险计算出来的。根据规定，资产分为 0、20%、50% 和 100% 四个风险档次，并要求银行的资本与风险加权总资产之比不得低于 8%，其中核心资本与风险加权总资产之比不得低于 4%。从事跨境金融业务的银行为了提高其国际竞争力，一般都依其本国对《巴塞尔协议 I》的官方注释本或银行法规定，采取各种措施来提高资本充足率。

在信用风险的计量方法上，《巴塞尔协议 II》在原有规定的基础上，进行了一定的改进。该协议用标准法来确定信用风险的权重，并且特别强调国家风险的影响。另外，它还规定了用信用风险衡量的内部评级法。标准法的风险权重是 5 个不连续的值（0、20%、50%、100% 和 150%），风险的衡量是跳跃的，而内部评级法的风险权重是一个连续函数的公式。

表 5 - 6　内部评级法中基础法和高级法的区别

数据	IRB 基础法	IRB 高级法
预期违约损失率	银行提供的估计值	银行提供的估计值
违约损失率	委员会规定的监管指标	银行提供的估计值
违约风险暴露	委员会规定的监管指标	银行提供的估计值
期限	委员会规定的监管指标或由各国监管当局自己决定采用银行提供的估计值（不包括某些风险暴露）	银行提供的估计值（不包括某些风险暴露）

资料来源：邹宏元主编：《金融风险管理》，西南财经大学出版社 2005 年版，第 203 页。

2. 操作风险

金融创新的不断创新使银行面临的风险呈现多样化和全球化的趋势，增加了银行风险管理的复杂性。例如，操作风险会引发和放大信用风险或市场风险，而在探究因信用风险或市场风险导致损失发生的深层次原因时，都可能存有操作风险的因素。随着银行经营规模的不断扩张以及经营复杂程度的提高，银行的操作风险已成为影响其稳健运营的主要威胁。巴林银行就是因出现操作风险而最终倒闭。《巴塞尔协议 II》对操作风险的规定，涉及不完善或有问题的内部程序、人员及系统或外部事件造成损失的风险。它覆盖了银行内部较大范围的风险，包括法律风险，但不包括策略风险和声誉风险。该协议规定了操作风险的度量方法，即基本指标法（basic indicator approach，BIA）、标准法（standardized approach，SA）和高级度量法（advanced measure approach，AMA）。其中，基本指标法最简单，标准法与基本指标法较接近。具体采取何种方法，这取决于银行的风险管理的先进程度。当然，银行可以自主开发适合自身特点的风险计量方法，来确保操作风险度量的有效性。在很大程度上，操作风险会受到人为因素的影响，因此要进行准确分析的难度比较大。

在操作风险的计量方法上，《巴塞尔协议 II》规定银行必须全面收集业务活动中的相关损失数据，并且规定了基本指标法、标准法和高级度量法。其中，高级度量法分为内部度量法、损失分布法和记分卡法等。基本指标法为其中最简单的方法，要求的资本金等于银行过去三年的毛收入的平均值乘以 0.15。标准法与基本指标法较为接近。在很大程度上，操作风险受到人为因素的影响，定量分析难度大，其定量的研究尚在起步阶段。

3. 市场风险

市场风险产生于金融产品市场汇率、利率和价格的变化，它们改变了金融资产的价值。因此，对市场风险的计量成为对银行风险进行防范和管理的重要内容。巴塞尔委员会在 1996 年发布了《资本协议市场风险补充规定》，其中规定两种风险评估方法：一种为标准法，其包含了对所有权益风险、汇率风险、利率风险、衍生金融工具风险以及商品价格风险的资本计量标准；另一种为内部模型法。《巴塞尔协议Ⅱ》规定了风险度量框架，其对市场风险的定义、计量方法、范围和过渡期安排与《资本协议市场风险补充规定》基本一致。该协议对信用风险、市场风险和操作风险分别规定了不同的风险权重计量方法。当然，它仍存在着一些缺陷，如对内部评级法的规定，会造成各国所计算出的资本充足率的可比性弱化。因此，2010 版巴Ⅲ提高资本计量的可比性，在提高标准法风险敏感性并扩大其使用范围的同时，约束了内部模型法的具体做法。通过对"输入和输出下限"的设定，降低了内部模型法的低估风险。"输出下限"明确规定银行的 RWA 不能低于按标准法对同一资产组合计算结果的72.5%，"输入下限"对银行模型参数选择采取了较保守方法，禁止银行使用内部模型计算某些特殊的风险暴露。这些规定将有助于银行在全球统一资本标准下进行公平竞争。

《巴塞尔协议Ⅱ》仅关注微观审慎监管，而忽视了个体金融机构间的相关性。2010 版巴Ⅲ的改进在于引入了杠杆率指标，强化了风险敏感的资本充足率要求，增加了大额风险暴露监管框架。巴塞尔委员会开始注重宏观审慎监管目标的实现，统筹微观与宏观审慎监管，提高了全面风险管理标准。巴塞尔委员会通过一系列相关文件的出台，在全球推行全面风险管理理念，促进金融机构结合自身状况，建立全面风险管理模式。显然，在进行风险管理的过程中，中国银行需要制定风险管理策略，建立风险管理信息系统和内部控制系统。中国银行将经营管理中的各类风险，包括信用风险、市场风险和操作风险等，全部纳入统一的管理范围，对各类风险依据统一的标准进行评估，依据全部业务的相关性对风险进行控制。

二、中国银行的全面风险管理模式

风险管理是商业银行的生命线。中国银行坚持强化底线思维，不断加快全面风险管理体系建设，切实增强风险管理的系统性、协同性和前瞻性，提升自动化和智能化的风控能力。

（一）大风险管理模式

银行是从事风险经营的金融服务机构，必须对表内外风险、跨境经营风险和系统性风险等进行全面审慎管理，确保在压力时期可持续正常的经营。我国国资委在《中央企业全面风险管理指引》第四条中指出："本指引所称全面风险管理，是指企业围绕总体经营目标，通过在企业管理的各个环节和经营过程中执行风险管理的基本流程，培育良好的风险管理文化，建立健全全面风险管理体系，包括风险管理策略、风险理财措施、风险管理的组织职能体系、风险管理信息系统和内部控制系统，从而为实现风险管理的总体目标提供合理保证的过程和方法。"2007 年 2 月 28 日，中国银监会发布了《中国银行业实施新资本协议指导意见》，标志着我国对《巴塞尔协议 Ⅱ》实施的正式启动。2011 年，银监会提出了第一支柱与第二支柱统筹考虑的总体原则，要求所有商业银行都应建立起与本行规模和业务复杂程度相适应的全面风险管理框架。中国银行在完善自身公司治理结构的同时，需要按照《巴塞尔协议Ⅱ》的要求，建立和完善全面风险管理模式。2008年3月20日，中国银行董事会审批通过《中国银行巴塞尔新资本协议实施方案》，使之成为制定具体方案的指导性文件。该行持续贯彻"适应适用"原则，在认真研究巴塞尔委员会倡导的全面风险管理理念基础上，将落实风险监管新规与提升风险管理能力有机结合，创新性地提出并实施"大风险管理模式"（见图5-2），从而确保中国银行在全球化竞争中的稳健经营。

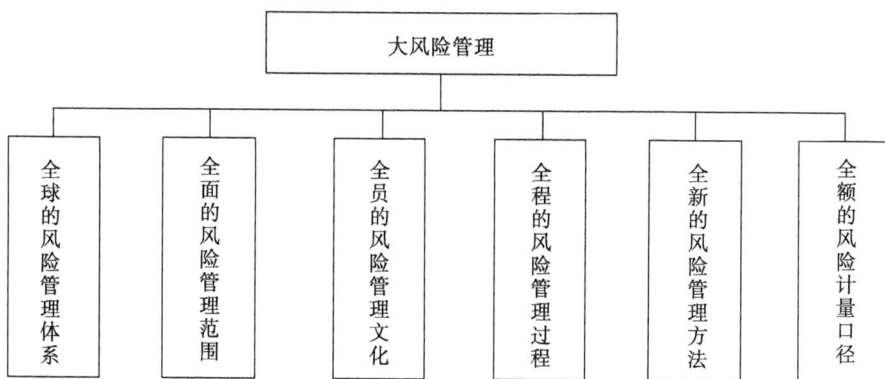

图5-2　"大风险"管理模式图

（资料来源：中国银行2010年社会责任报告，第31页）

中国银行的"大风险"管理模式强调"全过程"、"全范围"和"全员参与"，其所覆盖的风险不仅包括信用风险、操作风险和市场风险，还包括法律风险、技术风险和信誉风险等，并且要求风险管理覆盖银行运营的各个层面。另外，中国银行要求实现全体银行员工对风险管理的积极参与，能够对银行业务的授权、执行和监督检查进行全过程的风险防控。面对海外疫情，中国银行及时制定实施应急预案和连续性计划方案，不断提升境外业务抗风险能力，保障境外业务安全和持续的稳健经营。该行加大了风险量化技术的运用，提升了风险预警的水平，强化了信用风险、市场风险和流动性风险的管理。为了提升运营效率，中国银行不仅注重内部控制的协调性和整体性，而且还加强对重点领域的信贷管控，提高市场风险的管理水平，切实防范和化解各类风险的发生与蔓延。

（二）逐步完善全面风险管理架构

有效的公司治理是银行安全运营的根本保障。2010 年，巴塞尔委员会发布了《加强银行公司治理的原则》，其中规定关于"银行稳健公司治理"的 14 条原则，有助于银行进一步完善自身的公司治理。2011 年 7 月，银监会发布了《商业银行公司治理指引（征求意见稿）》（以下简称《指引》），其涵盖了公司治理的组织架构、发展战略、社会责任、风险管理与内部控制和信息披露等主要内容，目的是促使商业银行建立科学的执行、决策、监督和激励机制，为中国商业银行进一步完善公司治理提供了重要的指导。因此，中国银行将卓越的公司治理作为重要目标，不断追求公司治理的最佳实践。

1. 公司治理的改进

中国银行密切跟进银监会推出的相关监管政策和要求，持续关注公司治理发展的新变化和新趋势，在全面满足各项法规要求的基础上，主动探索最佳的公司管理模式。2011 年，中国银行对照巴塞尔委员会发布的《加强银行公司治理的原则》进行了全面的差距分析，并且按照《商业银行内部控制指引》和《企业内部控制基本规范》的相关规定，建立了以股东大会、董事会、监事会和高级管理层为主体的公司治理架构（见图 5 - 3）。

凭借着较好的公司治理架构的公司治理机构，中国银行进入了第一批"上证公司治理样块"样板公司。该行深入进行风险管理的精细化、专业化和体系化建设，持续完善着全面风险管理架构，从而提高自身的整体风险防控能力。2020 年，中国银行按照资本市场监管和行业监管规则要求，不断完善以股东大会、董事会、监事会、高级管理层为主体的公司治理架构，"三会一层"职权明晰且运行顺畅（见图 5 - 4）。

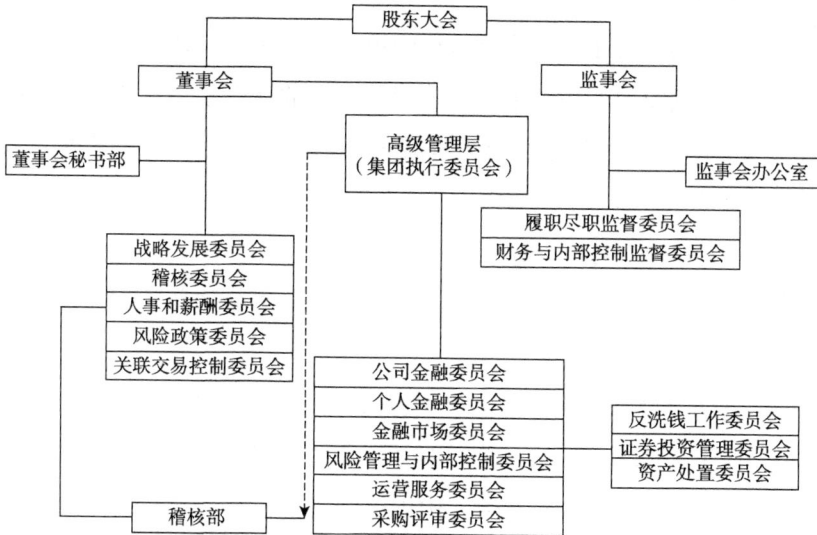

图 5 – 3　中国银行的公司治理架构（2012 年）

（资料来源：中国银行 2012 年年报，第 77 页）

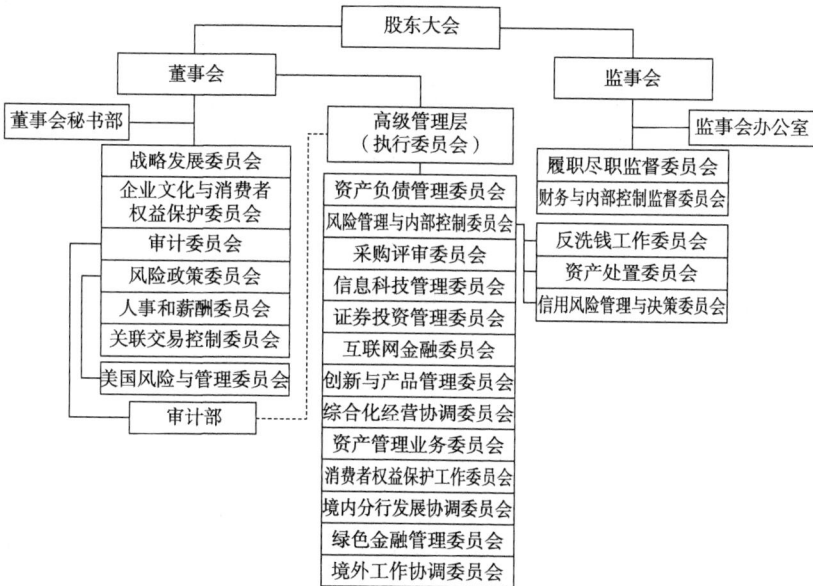

图 5 – 4　中国银行的公司治理架构（2020 年）

（资料来源：中国银行 2020 年年报，第 91 页）

2. 股东大会

股东大会是一种定期或临时举行的由全体股东出席的会议，同时又是一种非常设的由全体股东所组成的公司制企业的最高权力机构。按照我国《公司法》的规定，中国银行着力提升公司治理的运作机制，其股东大会依法行使以下职权：

（1）重要人事的决定权。公司的董事和监事由股东大会选举和更换，其报酬也由股东大会决定。中国银行不断优化董事会运作机制，持续提高董事会工作的建设性。

（2）重大事项决策权。重大事项包括批准和修改公司章程，审议批准董事会和监事会的报告，决定公司的经营方针和投资计划，审议批准公司年度财务预算、决算方案，等等。中国银行支持董事会进行科学且高效的决策，积极履行对股东、客户、员工、社会等利益相关者的责任。

（3）利润分配权。讨论批准董事会提出的利润分配方案和亏损弥补方案，负责对本行重大事项做出决策，包括审议批准利润分配方案、年度财务预算方案和决算方案。

（4）公司资本重大变动的处置权。公司增加或减少注册资本，公司的合并、分立、解散或破产清算等涉及股东财产重大变动的事项等，必须经股东大会讨论决定。股东大会是股东作为企业财产的所有者对企业行使财产管理权的组织。在公司治理过程中，中国银行切实保护中小股东的知情权、参与权和决策权，并提供 A 股网络投票方式，切实保障中小股东权益的实现。

3. 董事会

作为中国银行的决策机构，董事会对股东大会负责。中国银行已制定《中国银行股份有限公司董事会成员多元化政策》，列明该行关于董事会成员多元化所持立场以及在实现过程中持续采取的方针。董事会成员的委任以董事会整体良好运作所需的技能和经验为本，同时从多个方面充分考虑董事会成员多元化的目标和要求。与 2012 年的公司治理架构相比，现在的董事会结构更加合理和多元化。董事会下设战略发展委员会、企业文化与消费者权益保护委员会、审计委员会、风险政策委员会、人事和薪酬委员会及关联交易控制委员会，并在风险政策委员会之下设立美国风险与管理委员会来协助董事会履行职责。

依据公司章程，董事会需要审核银行的基本管理制度和治理政策、总体风险管理战略等，需要定期审议高级管理层关于经营管理、风险管理和内部控制等方面的报告，指导相关的内部控制及合规工作。另外，董事会还需要对系统性风险的防范与管理保持持续的关注。

4. 监事会

监事会是中国银行的监督机构，对股东大会负责。依据《公司法》和公司章程的规定，监事会负责监督董事会确立稳健的经营理念和价值准则，监督董事会、高级管理层及其成员的履职尽职情况，并且还要监督该行的财务活动、风险管理和内部控制情况。根据规定，其下设履职尽职监督委员会和财务与内部控制监督委员会，负责根据授权来协助监事会履行职责。

5. 高级管理层

作为中国银行的执行机构，高级管理层对董事会负责，在公司章程规定的职责范围内实施经营管理。它负责落实风险管理战略、风险偏好和政策，并且要防范银行运营过程中产生的风险。2008年，高级管理层制定了执行委员会和各经营管理决策委员会章程。2012年，其设立公司金融委员会、个人金融委员会、金融市场委员会、风险管理与内部控制委员会（辖管反洗钱工作委员会、证券投资管理委员会、资产处置委员会）、运营服务委员会、采购评审委员会。各委员会在授权范围内勤勉履责地推进经营管理的各项工作，相关的风险管理职能部门负责各类风险的日常管理，进行风险的识别、评估和监控。

2020年，中国银行管理层下设的委员会已经有了全新的调整，除了保留风险管理与内部控制委员会、采购评审委员会，增设五个委员会。综合化经营协调委员会，负责集团综合化经营方面的统筹管理和决策；资产管理业务委员会，负责集团资产管理业务的协调、管理与决策；消费者权益保护工作委员会，负责统一规划、统筹部署全行的消费者权益保护工作；境内分行发展协调委员会，负责境内分行经营管理重大事项的统筹协调；绿色金融管理委员会，负责集团绿色金融工作统筹管理和专业决策。此外，中国银行高级管理层下设的委员会还包括资产负债管理委员会、采购评审委员会、信息科技管理委员会、证券投资管理委员会、互联网金融委员会、创新与产品管理委员会。2021 年，中国银行管理层下设的委员会不再设立信息科技管理委员会和互联网金融委员会，而是增设了金融数字化委员会。显然，该行将卓越的公司治理作为重要目标，不断完善以股东大会、董事会、监事会、高级管理层为主体的公司治理架构。

（三）风险管理组织架构

银行是经营风险较大的特殊企业，随着对风险的认知和把握能力的不断提高，在稳定和发展盈利动机的激励下，对风险管理的需求也不断提升，建立和完善全面的风险管理体系已经成为银行面对的重大课题。对于 G‐SIFIs，监管当局提出了更高的公司治理标准，要求董事会应对风险控制、发展战略以及经营的合规性负最终责任。显然，中国银行必须树立风险管理意识，将风险管理责任落实到全行的各个层面，形成风险管理信息收集、分析、报告系统。通过实施全面风险管理，统一风险度量，建立风险预警机制和应对策略，促进实现中国银行的战略目标。

中国银行持续完善与发展战略相适应的风险管理模式。2010 年，中国银行在董事会下设风险政策委员会，在管理层下设风险管理与内部控制委员会（辖管反洗钱工作委员会、证券投资管理委员会和资产处置委员会），及风险管理总部、财务管理部等相关部门，它们共同加强各类风险管理，推动境内外分行风险管理架构的整合（见图 5－5）。风险政策委员会着重于研究防范风险的相关政策，主要职责为：（1）监控风险管理战略、政策

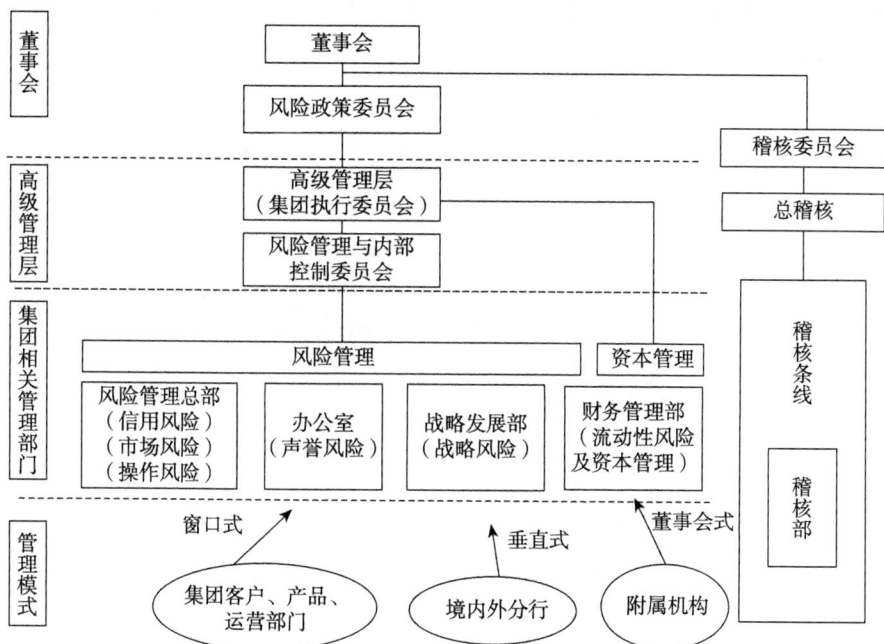

图 5 – 5　中国银行的风险管理组织架构图（2010 年）

（资料来源：《中国银行 2010 年社会责任报告》，第 31 页）

和程序的贯彻落实情况，并向董事会提出建议；（2）审订风险管理战略、重大风险管理政策以及风险管理程序和制度，并向董事会提出建议；（3）审查重大风险活动，可以对超过累计风险限度的交易行使否决权；（4）审议风险管理状况，定期评估高级管理层及其职能部门履行风险管理职责的情况并提出改进要求。

通过垂直管理模式，中国银行设置的风险管理与内部控制委员会可以管理分行的风险状况。通过窗口管理模式，该委员会可以管理业务部门的风险状况，并且通过委任附属公司的董事会或风险管理委员会的若干成员，对附属公司的风险进行防范与管理。另外，稽核委员会的主要职责是审查外部审计师对财务报告的审计意见、年度审计计划及管理建议，审议高级管理层的财务报告、重要会计政策及其相关规定，审批内部稽核章程与规划、年度稽核重点及预算，审查高级管理层有关内部控制设计及执行中出现的重大缺陷等。

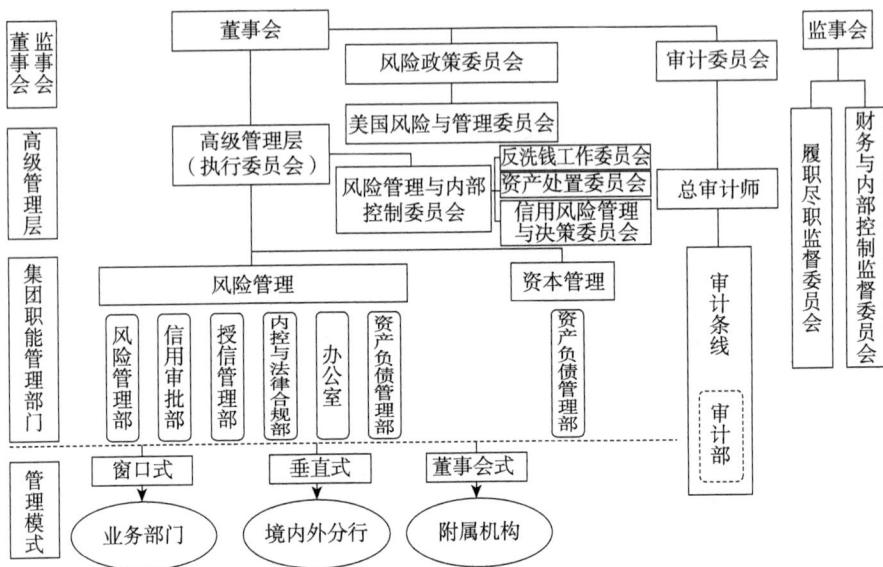

图 5 - 6　中国银行的风险管理组织架构图（2020 年）

（资料来源：中国银行 2020 年年报，第 77 页）

中国银行不断健全风险管理体系，完善管理架构，优化管理机制，全面落实监管要求，积极应对巴塞尔新规则的实施与调整（见图 5 - 6）。2021 年，该行有序开展风险数据治理工作，加快推进风险管理的数字化转型。董事会承担全面风险管理的最终责任，监事会承担监督责任，高级管理层承担实施责任，执行董事会的决议。① 另外，风险管理部、信用审批部、授信管理部、内控与法律合规部等相关职能部门负责管理金融风险。

中国银行持续完善与发展战略相适应的风险管理体系，全面落实境内外监管要求，全面推进有效风险数据加总和风险报告达标。（1）对于信用风险，中国银行以客户为中心，持续完善授信管理长效机制，加强客户集

---

① 中国银行股份有限公司：《2021 年年度报告》，第 281 页。

中度管控，完善资产质量监控体系。通过全面信用风险管理，该行进一步提高了潜在风险识别、管控和化解的有效性。根据大额风险暴露管理要求，中国银行持续对大额风险暴露进行识别、计量、监测等工作。信用风险指标持续向好，资产质量保持稳定，不良贷款拨备覆盖率上升0.89个百分点，风险抵御能力进一步增强。（2）对于市场风险，中国银行完善市场风险偏好传导机制，优化市场风险限额管理模式。通过加强风险研判和分析，该行强化和统筹了衍生品风险管控，提高了风险管理主动性和前瞻性。（3）对于操作风险，中国银行持续完善相关体系，深化管理工具应用，完善操作风险与控制评估（RACA）、关键风险指标监控（KRI）、损失数据收集（LDC）等管理工具，开展操作风险的识别、评估、监控。通过推进业务连续性管理体系建设，该行优化了业务连续性管理运行机制，提升了业务持续运营能力。

中国银行坚持安全性、流动性、盈利性互相平衡的经营原则，严格执行监管要求，完善流动性风险管理体系，不断提高流动性风险管理的前瞻性和科学性。2020年，中国银行全面提升风险合规管理能力，开展多轮疫情影响排查，加大不良清收化解力度。该行定期完善流动性压力测试方案，按季度进行压力测试，2020年的测试结果显示本行在压力情况下有足够的支付能力应对危机情景。中国银行积极研判风险形势，加强资产质量监控，动态完善风险偏好政策。通过多种措施的采取，中国银行促进风险管理向数字化转型。从风险管理来看，未来中国银行有必要增强管理的科技属性，就是在管理过程中必须注入以A（人工智能）、B（区块链）、C（云计算）、D（大数据）、5G与物联网（IOT）为代表的强大科技动能，提高风险管理的质效。

（四）构筑三道防线的内部控制体系

内部控制体系是公司治理的重要组成部分，也是商业银行对风险进行事前防范、事中控制和事后纠正，进行有效风险管理的根本保障。中国银行以《巴塞尔协议Ⅱ》和COSO内部控制框架为基础，着力构筑内部控制三道防线体系。其结合中国银行的自身特点，发布了《中国银行〈企业内部控制基本规范〉及配套指引实施方案》。按照"全程规范化"的要求，中国银行积极推进合规经营，加强对重要风险环节的管控。

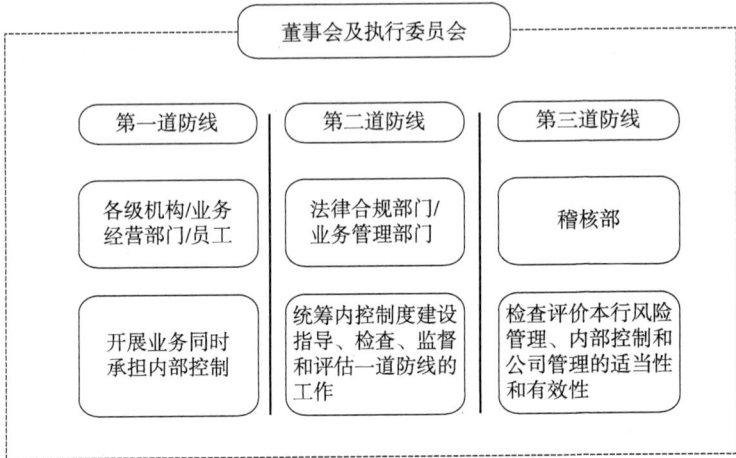

图 5 - 7　中国银行的三道防线体系

（资料来源：《中国银行 2010 年社会责任报告》，第 35 页）

图 5 - 7 的三道防线体系由职能管理、合规控制和内部稽核构成。

第一道防线是职能管理，其由业务部门和基层机构组成。按照符合风险偏好和可控的原则，中国银行全面梳理、优化和整合基层内控措施和监控手段，提高第一道防线的整体风险控制效果。各级部门和员工要进行及时的自我评估、检查和整改，从而实现更好的自我控制。通过持续整合业务流程和完善操作细则等方式，中国银行的风险控制能力得到了有效提升。

第二道防线是合规控制，其由各级机构的内部控制及风险管理职能组成，由它们指导、评估、检查和监督第一道防线的工作。这些部门制定风险管理制度，推行风险管理方法和标准。它们负责风险管理及内部控制的统筹规划、组织实施和检查评估，负责识别、计量、监督和控制风险。通过有效评估风险的变化，它们尽可能对风险进行准确预判，对突发事件进行快速反应，以提高内部风险防控的前瞻性。相关部门对关键岗位加强风险防范和管理，通过系统来加强数据分析，从而提升第一道防线的实效。

第三道防线是内部稽核，其由审计部门通过系统化和规范化的方式，对经营活动、风险管理、内部控制和公司治理等各项工作进行审查及评估，同时开展以技术防范为主、兼顾道德防范为目的的反舞弊欺诈活动。中国银行继续推进《巴塞尔协议Ⅱ》操作风险项目实施，深化操作风险管理工具应用，优化操作风险管理信息系统，全面推广集团操作风险监控分析平台，从而实施风险监控。通过积极应对市场变化产生的不利影响，主动识别、评估、控制和缓释风险，中国银行加强了欺诈舞弊风险防控，提高了风险管理的前瞻性。中国银行面临的金融风险主要包括信用风险、市场风险及流动性风险。其中，市场风险包括汇率风险、利率风险和其他价格风险。中国银行通过制定风险管理政策，设定适当的风险限额及控制程序，以及通过相关的信息系统来分析、识别、监控和报告风险情况。就中国银行而言，其仍应该在实施2010版巴Ⅲ及其相关文件的过程中，深入领会"风险为本"的监管理念，对风险管理模式进行不断的完善，从而更好地对接趋严的 G–SIFIs 监管规则。

作为全球系统重要性金融机构，中国银行统筹推进巴塞尔规则的实施，其对全面风险管理的贯彻，是以建设"严密、简洁、主动"的风险控制体系为重点，主动通过风险管理技术的采用，加强风险计量模型研发应用，实现对系统性风险的有效控制，提升信息披露的及时性和准确性。2022年，中国银行持续优化全面风险管理，提升对各类风险的前瞻预判能力。中国银行董事会下设的审计委员会密切关注国内外经济金融的形势变化，定期或不定期地听取和审议内部审计检查报告和对内部控制的评价意见。通过持续推进内控长效机制建设，中国银行不断提高内部控制的整体性、针对性和有效性，切实承担了有效实施内部控制的责任，从而能够稳妥应对全球化经营风险，增强全面风险管理体系的韧性。

第三节　基于系统重要性的定位监管

作为当前国际金融改革的一个重要组成部分，对 G – SIFIs 的定位监管是强化宏观审慎监管的重要维度之一。中国银行多年被入选为全球系统重要性金融机构，意味着需要遵循更加严格的 G – SIFIs 监管规则，这对其经营战略的国际化拓展造成了压力。

一、强化全面风险管理

在资本充足率方面，2010 版巴Ⅲ规定了更加严格的资本充足率计算方法，将监管资本从原有的一级资本和二级资本修改为核心一级资本、其他一级资本和二级资本三个层级，同时优化了风险加权资产的计算方法，扩大了资本覆盖的风险范围，包括提高复杂证券化产品、交易类资产的风险权重以及涵盖表外敞口和交易对手信用风险等方式，从而提升了核心一级资本的质量。另外，该协议规定系统重要性银行和非系统重要性银行在正常条件下的资本充足率应不低于 11.5% 和 10.5%。如果出现系统性信贷过快增长，银行还需额外计提 0 ~ 2.5% 的逆周期超额资本。从 2009 年开始，银监会对大型银行提出了 1% 的系统重要性附加资本的要求。出于我国银行业改革发展和监管工作的实际状况，银监会自 2013 年以来对大型商业银行和部分股份制银行的资本计量审慎性进行评估，开展监管校准并提出核准方案。为了早日识别和处理风险，银监会对大型金融机构强化了监管力度，包括对监管资源投入的加大、现场检查频率的提高、非现场监测的强化和风险监测预警的加强。

为了达到更严格的资本监管标准，中国银行加大风险计量专家的培养力度，加强技术专题研究，为风险计量准确性的提高与新型风险管理技术和工具的运用提供了良好基础。目前，中国银行已经建成第一支柱三大风险计量管理体系，开发了主要风险评估模型、内部资本充足评估模型等，提升了信息披露的及时性和准确性。在信用风险领域，中国银行的计量模型覆盖公司、金融机构、个人、主权、资产证券化风险暴露,并且持续对计量模型进行独立验证和优化升级,加快高级法实施准备工作;在市场风险领域,中国银行建立起基于内部模型法的监管资本计量体系;在操作风险领域,中国银行建立起标准法经济资本计量机制。同时,该银行强化了二维评级矩阵、资本收益率(Risk Adjusted Return On Capital,RAROC)/经济增加值(Economic Value Added,EVA)分析矩阵、RAROC 测算工具、风险缓释测算工具等风险计量工具在授信全流程的实质性作用。

中国银行以风险偏好量化传导为主线,全面覆盖监管要求的 5 项核心应用领域、6 项高级应用领域和该行的特色应用领域,并且推广应用压力测试。通过加强风险偏好的传导,中国银行深化了基于内评法的经济资本绩效考核,即将风险调整后资本收益率(RAROC)、经济增加值(EVA)等指标纳入分支机构及业务条线绩效考核体系,深入体现了《巴塞尔协议Ⅱ》的全面风险管理理念。2012 年末,中国银行的资本充足率、核心资本充足率分别为 13.64%、10.54%,资本回报水平稳步提升,达到了最低资本充足标准(见图 5 - 8)。中国银行入选 G - SIFIs,短期内对资本影响较小,其原因在于 G - SIFIs 的附加资本要求与银监会对于国内大银行的资本要求基本相同。另外,较长的过渡期给了中国银行充裕的时间。

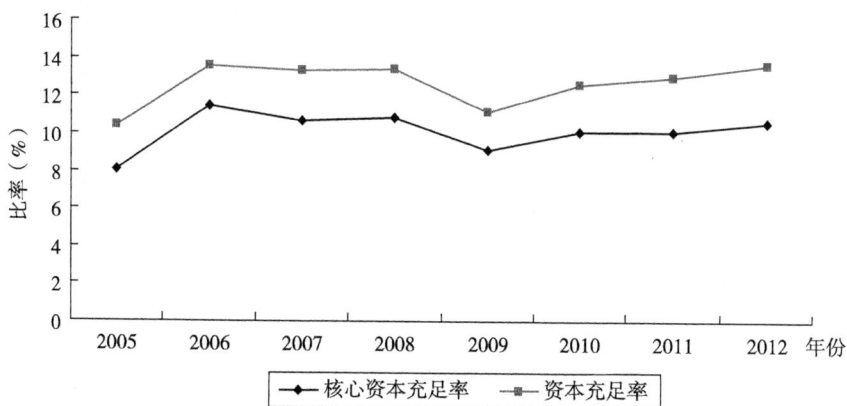

图 5 - 8 中国银行的核心资本充足率和资本充足率(2005—2012 年)

(资料来源:作者根据中国银行 2005 年至 2012 年报数据绘制)

根据 2010 版巴Ⅲ的过渡期安排，G - SIBs 自 2016 年 1 月至 2018 年末，进入实施附加资本要求的过渡期。自 2019 年 1 月 1 日起，G - SIBs 的附加资本指标在全球范围内正式实施。金融稳定理事会对 G - SIFIs 提出了附加资本指标，即附加资本的数额应相当于风险加权资产的 1% ~ 2.5%，且必须完全由普通股构成。因此，在 2014 年 11 月被认定为 G - SIFIs 的银行应该于 2016 年起开始实施。根据要求，中国银行的各级资本充足率应达到银保监会规定的最低要求，即核心一级资本充足率、一级资本充足率以及资本充足率分别不得低于 8.50%、9.50% 及 11.50%。

表 5 - 7　中国银行的资本指标变化

单位：百万元人民币（百分比除外）

项目	中国银行集团		中国银行	
	2021 年 12 月 31 日	2020 年 12 月 31 日	2021 年 12 月 31 日	2020 年 12 月 31 日
核心一级资本净额	1843886	1704778	1563789	1441977
一级资本净额	2173731	1992621	1883294	1719467
资本净额	2698839	2451055	2391365	2162054
核心一级资本充足率	11.30%	11.28%	11.06%	10.99%
一级资本充足率	13.32%	13.19%	13.32%	13.10%
资本充足率	16.53%	16.22%	16.91%	16.47%

资料来源：中国银行 2021 年年报（第 67 页）。

2021 年，中国银行在资本市场成功发行 700 亿元无固定期限资本债券和 750 亿元二级资本债券，资本实力进一步增强。年末集团资本充足率达到 16.53%（见表 5 - 7），比上年末提升 0.31 个百分点，保持在稳健合理水平，符合"十四五"规划目标。

中国银行作为全球系统重要性金融机构，需要达到更高的资本充足标准，才能增强其损失吸收能力。从长远来看，随着巴塞尔委员会在资本附加费（Capital Surcharges）、或有资本（Contingent Capital）和自救债务工具（Bail - in Debt）等方面对 G - SIBs 所提出的更高要求，中国银行还需采取积极的措施进行达标。因此，中国银行在制定为期 5 年（或多个年度）的战略发展规划时，需要一并制定资产增长计划、资产结构调整方案、盈利能力规划、各类风险的风险加权资产计算方法、资本补充方案、流动性来源、贷款损失准备金补提方案，并最终确保可以符合《巴塞尔协议Ⅱ》的风险加权资产计算法，以及 2010 版巴Ⅲ有关 G – SIBs 的监管标准，实现全过程和全覆盖的风险管理。

二、加强信息的共享

全球系统重要性金融机构是金融市场安全的"稳定器"，其经营行为已经不仅关系到自身的发展和存续，更影响到整个金融系统的稳定。对于 G – SIFIs 的定位监管，不论是日常的常规监管，还是危机时的处置，都需要各国以信息共享为前提进行跨境的协调与合作，这将有助于各国形成一种监管的合力。在巴塞尔委员会的推行下，众多国家或地区深入贯彻了"风险为本"的监管理念，将监管重点集中于风险暴露最大的全球系统重要性金融机构，以防范系统性风险的聚集和扩散，共同维护全球金融市场的安全与稳定。

在新一轮全球金融监管改革过程中，FSB 行使了维护全球金融稳定的宏观审慎监管职责，促进了成员方之间的信息共享。根据巴塞尔委员会的要求，G – SIBs 到 2016 年必须遵循风险汇总和报告的原则，建立有效的信息系统管理体系，并且确保该体系在危机期间也能得以运行。

及时进行信息的共享是进行有效监管的必要基础。从巴塞尔委员会对信息的重视程度可以看出，信息共享直接决定着金融监管所追求的秩序、安全和效益等宏观价值目标的实现。对于 G – SIFIs 全球化的运营行为，有效的定位监管应该以信息的充分共享为前提。只有通过充分的信息共享，从宏观和微观层面加强跨境监管的协调与合作，才能够将 G – SIFIs 引致的风险限定在可控范围内。例如，并表监管的基础就是母国与东道国之间能够实现真正意义上的信息共享。如果彼此没有办法真实详尽地了解 G – SIFIs 的整体状况，就会导致趋严监管的误判和监管规则的错用。因此，一国或地区的监管当局应收集与 G – SIFIs 相关的信息并且进行充分的共享。

有效的风险管理应该是一个信息传递通畅、反馈灵敏的系统，这样才能充分发挥风险管理的效能。在当前混业经营环境下，监管当局应该激励中国银行承担更多的责任，如确保其内部的董事会、监事会、高级管理层及时了解本银行的经营和风险状况，确保每一项信息均能够传递给相关的员工，并及时、真实、准确地向监管当局报送监管报表资料和对外披露信息。

2012 年，中国银行优化了定期报告工作流程，修订《中国银行股份有限公司内幕信息知情人管理办法》，梳理制定重大临时报告发布流程，持续完善信息披露管理制度。该行已建立《中国银行股份有限公司定期报告信息披露重大差错责任追究管理办法》，尽量减少发生定期报告信息披露的重大差错。一直以来，中行严格遵循真实、准确、完整、及时和公平的原则编制和披露定期报告及各项临时报告，增加报告的透明度，并且严格依照监管要求和内部规定进行内幕信息知情人登记及自查，坚决杜绝内幕交易。总行各部门、境内外分支机构持续推进信息披露一把手负责制和信息员机制，深入开展信息员培训，将信息披露工作绩效结果纳入集团内部控制考核管理。另外，该行通过密切关注并及时跟进监管法规和各项要求，开展信息披露案例研究，进一步提高中国银行信息披露管理能力及合规水平。

中国银行坚持以提升透明度为目标，以投资者需求为导向，优化披露内容，不断提高信息披露的针对性和有效性。通过建立健全信息披露制度，中国银行在积极探索中稳步推进主动性信息披露。根据全面风险管理的要求，中国银行应该尽量以统一的方法和标准计量并及时披露和报告风险，提高风险的透明度和一致性，为高管层和董事会提供企业风险全貌。事实上，中国银行通过不断完善内部的风险管理设置，加强对各个风险环节尤其是重要风险环节的管控，避免了发生重大风险的隐患，从而全面提升风险管理与内控水平,形成具有中行特色的风险管理体系。总而言之,巴塞尔委员会对全面风险管理模式的广泛推行,有利于中国银行进一步提高自身的管理水平,也有利于监管当局提升自身的协调与合作能力,从而能够通过信息的及时共享来确保全球金融市场的安全和稳定。

参考文献

［1］巴曙松，邢毓静，朱元倩．金融危机中的巴塞尔新资本协议：挑战与改进［M］．北京：中国金融出版社，2010.

［2］卜亚．激励相容：银行业金融创新监管机制构建［M］．上海：上海交通大学出版社，2013.

［3］陈安．国际经济法专论（上编）［M］．北京：高等教育出版社，2002.

［4］曾筱清．金融全球化与金融监管立法研究［M］．北京：北京大学出版社，2005.

［5］陈敏娟．中国金融系统性风险及其宏观审慎监管研究［M］．北京：中国社会科学出版社，2014.

［6］巴塞尔银行监管委员会．第三版巴塞尔协议改革最终方案［M］．北京：中国金融出版社．2020.

［7］巴曙松，刘晓依，朱元倩，等．巴塞尔Ⅲ：金融监管的十年重构［M］．北京：中国金融出版社，2019.

［8］杨军．风险管理与巴塞尔协议十八讲［M］．北京：中国金融出版社，2021.

［9］巴塞尔银行监管委员会．巴塞尔协议Ⅲ［M］．北京：中国金融出版社，2011.

［10］罗豪才，等．软法与公共治理［M］．北京：北京大学出版

社，2006.

［11］［英］安托尼·奥斯特（Anthony Aust），江国青译．现代条约法与实践［M］．北京：中国人民大学出版社，2005.

［12］［加］陈公越，［加］于盟、许威．金融风险测量和全面风险管理理论、应用和监管［M］．上海：上海科学技术出版社，2011.

［13］储东涛．西方市场经济理论［M］．南京：南京出版社，1995.

［14］陈金荣．衍生金融工具交易与系统性金融风险：形成、传导与监管［M］．北京：中国社会科学出版社，2012.

［15］丁灿．银行监管治理理论与实践［M］．南京：南京大学出版社，2014.

［16］樊纲，马蔚华．中国应对金融危机［M］．北京：中国经济出版社，2009.

［17］［荷］弗朗斯·彭宁斯．软法与硬法之间——国际社会保障标准对国内法的影响［M］．上海：商务印书馆，2012.

［18］［美］克莱森斯．宏观审慎监管政策：通向金融稳定的新道路［M］．石家庄：电子工业出版社，2013.

［19］［美］弗里德曼．助推金融危机：系统性风险与监管失灵［M］．北京：中国金融出版社，2013.

［20］［美］菲利普·乔瑞．金融风险管理师考试手册［M］．北京：中国人民大学出版社，2012.

［21］郭春松．中国银行业监管协调与合作研究［M］．北京：中国金融出版社，2007.

［22］顾京圃．中国商业银行操作风险管理［M］．北京：中国金融出版社，2006.

［23］官学清．现代商业银行新趋势　把风险作为产品来经营现代商业银行风险经营论［M］．北京：中国金融出版社，2011.

［24］韩龙．金融服务贸易规制与监管研究：基于入世过渡期后银行

业局势的探讨［M］．北京：北京大学出版社，2006．

［25］贺强，等．中国金融改革中的货币政策与金融监管［M］．北京：中国金融出版社，2008．

［26］韩龙，彭秀坤，包勇恩．金融风险防范的法律制度研究：以我国金融业对外开放为重心［M］．北京：中国政法大学出版社，2012．

［27］侯太领．银行监管规避剖析［M］．北京：中国金融出版社，2012．

［28］哈特，张文显，等．法律的概念［M］．北京：中国大百科全书出版社，1996．

［29］［加］赫尔．金融法［M］．北京：机械工业出版社，2013．

［30］韩守富，马斌，吴世真，等．后金融危机背景下的金融监管［M］．北京：社会科学文献出版社，2012．

［31］韩忠亮．全球化背景下金融监管的博弈研究［M］．北京：北京大学出版社，2013．

［32］季奎明．金融创新视野中的商事法变革［M］．北京：中国法制出版社，2011．

［33］梁剑兵，张新华．软法的一般原理［M］．北京：法律出版社，2012．

［34］廖凡．国际货币金融体制改革的法律问题［M］．北京：社会科学文献出版社，2012．

［35］林俊国．金融监管的国际合作机制［M］．北京：社会科学文献出版社，2007．

［36］黄敏．银行监管制度研究——国际经验的借鉴［M］．北京：经济科学出版社，2009．

［37］黄剑，刘甚秋，［日］桥本信哉．国际金融法新视野［M］．北京：北京大学出版社，2013．

［38］李文泓．宏观审慎监管框架下的逆周期政策研究［M］．北京：

中国金融出版社，2011.

［39］李国民．美国金融危机的成因与教训：基于估值、保证金、杠杆和流动性角度分析［M］．北京：中国经济出版社，2010.

［40］罗晋京．跨国银行法律规制对国家主权的影响［M］．北京：知识产权出版社，2011.

［41］李明强．巴塞尔协议Ⅲ解读与银行经济资本应用实务［M］．北京：中国金融出版社，2014.

［42］焦莉莉．欧盟金融监管合作与金融稳定问题研究［M］．北京：中国社会科学出版社，2012.

［43］［英］克恩·亚历山大，拉胡尔·都莫，约翰·伊特威尔，赵彦志译．金融体系的全球治理［M］．大连：东北财经大学出版社，2010.

［44］［美］柯兰德．微观经济学［M］．上海：上海人民出版社，2008.

［45］［美］科尔基特：信用风险管理第3版［M］．北京：清华大学出版社，2014.

［46］［美］乔拉法斯．通向全面风险管理之路：风险管理理论与实践感悟［M］．北京：中国金融出版社，2014.

［47］乔克裕．法理学教程［M］．北京：法律出版社，1997.

［48］邱艾松．商业银行信息披露的层次与边界——兼论商业银行信息披露中的权利冲突与平衡［M］．北京：中国金融出版社，2010.

［49］罗豪才．软法与协商民主［M］．北京：北京大学出版社，2007.

［50］李明强．通向全面风险管理之路：风险管理理论与实践感悟［M］．北京：中国金融出版社，2014.

［51］鲁篱，黄亮，程乐明．金融公会法律制度研究［M］．北京：中国金融出版社，2005.

［52］刘小冰，等．软法原理与中国宪政［M］．南京：东南大学出版

社，2010.

［53］罗伯特·基欧汉，苏长和．霸权之后：世界政治经济中的合作与纷争［M］．上海：上海世纪出版社，2006.

［54］梁艳．资本监管约束下商业银行风险承担行为研究［M］．北京：经济科学出版社，2013.

［55］林俊国．金融监管的国际合作机制［M］．北京：社会科学文献出版社，2007.

［56］刘夏，蒲勇健．银行资本监管研究［M］．北京：经济管理出版社，2009.

［57］刘堃．我国商业银行信用风险预警与缓释研究：基于全面风险管理［M］．长沙：湖南人民出版社，2010.

［58］罗嘉．我国金融监管协同机制研究［M］．北京：经济科学出版社，2013.

［59］刘毅，杨德勇，万猛．金融业风险与监管［M］．北京：中国金融出版社，2006.

［60］刘丰名．国际金融法（2004年修订版）［M］．北京：中国政法大学出版社，2004.

［61］李洪斌．商业银行流动性风险管理［M］．长沙：湖南人民出版社，2007.

［62］李仁真．论巴塞尔协议的原则架构和性质（国际经济法论丛第2卷）［C］．北京：法律出版社，1999.

［63］李文泓．宏观审慎监管框架下的逆周期政策研究［M］．北京：中国金融出版社，2011.

［64］李变花．扩大开放下中国金融安全与监管研究［M］．北京：中国经济出版社，2009.

［65］［美］米歇尔·克劳伊，等．风险管理精要［M］．北京：中国财政经济出版社，2010.

［66］普林格，卡弗．中央银行风险管理的新视野［M］．北京：中国金融出版社，2010.

［67］祁敬宇，王刚．后危机时代的金融监管研究［M］．北京：首都经济贸易大学出版社，2011.

［68］隋平．危机后的欧盟银行监管［M］．长沙：湘潭大学出版社，2011.

［69］沈幼伦．债法原理［M］．上海：格致出版社，2010.

［70］汤凌霄．中国金融安全报告：预警与风险化解［M］．北京：红旗出版社，2008.

［71］杨军．风险管理与金融机构（原书第3版）［M］．北京：中国金融出版社，2013.

［72］温红梅．商业银行经营管理［M］．大连：东北财经大学出版社，2011.

［73］王永宁．后危机时代的金融监管变革之道［M］．北京：法律出版社，2013.

［74］吴弘，陈岱松，贾希凌．金融法［M］．上海：格致出版社，2011.

［75］栾天虹．系统性金融风险的传导、监管与防范研究［M］．北京：中国经济出版社，2013.

［76］吴弘，李有星．商业银行治理机制与风险承担行为基于外部管制与内部公司治理机制关系的分析［M］．北京：高等教育出版社，2013.

［77］王兆星．后危机时代国际金融监管改革探索［M］．北京：中国金融出版社，2013.

［78］吴弘，李有星．金融法［M］．北京：高等教育出版社，2013.

［79］伍巧芳．美国金融监管改革及其借鉴——以次贷危机为背景［M］．北京：北京大学出版社，2013.

［80］王恬，周建东．资本监管与中国商业银行的信用风险定价

［M］. 北京：中国金融出版社，2006.

　　［81］王利军，郝平，李彦军，席逢遥. 金融法专题研究［M］. 石家庄：河北人民出版社，2005.

　　［82］王敬伟. "风险为本"银行监管理念与制度研究［M］. 郑州：河南人民出版社，2007.

　　［83］王军，周晓鸣. 巴塞尔协议实施后的中国金融业［M］. 北京：中国经济出版社，1993.

　　［84］王运升，张涛. 科学发展与社会责任（B卷）［M］. 沈阳：辽宁科学技术出版社，2008.

　　［85］吴晓求，等. 变革与崛起：探寻中国金融崛起之路［M］. 北京：中国金融出版社，2011.

　　［86］谢世清. 解读国际清算银行［M］. 北京：中国金融出版社，2011.

　　［87］杨伍栓. 管理哲学新论［M］. 北京：北京大学出版社，2011.

　　［88］颜九红. 为了弱者的正义——和谐社会构筑中刑事政策的价值取向［M］. 北京：中国检察出版社，2009.

　　［89］杨文云. 金融监管法律国际协调机制研究［M］. 上海：上海财经大学出版社，2011.

　　［90］［英］亚历山大，［英］都莫，［英］伊特威尔. 金融体系的全球治理［M］. 辽宁：东北财经大学出版社，2010.

　　［91］杨谊. 后危机时代银行业监管体制改革探索［M］. 重庆：重庆出版社，2011.

　　［92］杨紫烜. 国家协调论［M］. 北京：北京大学出版社，2009.

　　［93］周晖. 我国逆周期金融监管研究［M］. 北京：经济科学出版社，2013.

　　［94］朱孟楠. 金融监管的国际协调与合作［M］. 北京：中国金融出版社，2003.

［95］曾建中．论中央银行在金融生态系统中的角色定位——基于货币循环的分析视角［M］．北京：中国金融出版社，2011．

［96］吴弘．金融法律评论第 4 卷［M］．北京：中国法制出版社，2013．

［97］崔荫．国际金融［M］．厦门：厦门大学出版社，2007．

［98］杜金富．银行监管统计学［M］．北京：中国金融出版社，2014．

［99］陈东升．商业银行管理［M］．北京：对外经济贸易大学出版社，2008．

［100］法律与金融编委会．法律与金融第 1 辑［M］．北京：法律出版社，2014．

［101］中国国际经济交流中心．国际经济分析与展望（2012）［M］．北京：社会科学文献出版社，2012．

［102］中国建设银行研究部专题组，中国商业银行发展报告（2012）［M］．北京：中国金融出版社，2012．

［103］张显球．宏观审慎监管：理论含义及政策选择［M］．北京：中国金融出版社，2012．

［104］钟伟，顾弦．动荡未定——新巴塞尔协议Ⅲ和操作风险管理理论［M］．北京：中国经济出版社，2012．

［105］雷家啸．国家经济安全理论与方法［M］．北京：经济科学出版社，2000．

［106］ ［美］柯兰德．微观经济学［M］．上海：上海人民出版社，2008．

［107］郑振龙，陈国进，等．金融制度设计与经济增长［M］．北京：经济科学出版社，2009．

［108］周晔．金融风险度量与管理［M］．北京：首都经济贸易大学出版社，2010．

［109］张建政．国际区域金融合作的制度分析［M］．长春：吉林人民出版社，2009.

［110］赵然．金融危机背景下的金融监管国际合作［M］．郑州：河南人民出版社，2013.

［111］张晓朴．变革与稳健：银行监管和银行转型的思考［M］．北京：中国金融出版社，2014.

［112］郭田勇．金融监管学［M］．北京：中国金融出版社，2014.

［113］胡滨．中国金融监管报告［M］．北京：社会科学文献出版社，2014.

［114］门洪华．国际政治经济学导论［M］．北京：北京大学出版社，2011.

［115］马亚．商业银行经营管理学［M］．大连：东北财经大学出版社，2013.

［116］何勤华．曲折·磨难·追求：首届中国法学名家论坛学术论文集（下）［M］．北京：北京大学出版社，2011.

［117］黄静波．应用国际金融学［M］．北京：机械工业出版社，2011.

［118］罗豪才，毕洪海．软法的挑战［M］．上海：商务印书馆，2011.

［119］罗豪才．软法的理论与实践［M］．北京：北京大学出版社，2010.

［120］李昌麟，岳彩申．经济法论坛第7卷［M］．北京：群众出版社，2009.

［121］罗毅．电力企业年金市场化运营与管理［M］．北京．中国水利水电出版社，2010.

［122］李仁真．金融市场与金融机构［M］．武汉：武汉大学出版社，2013.

［123］李成．金融监管案例［M］．西安：西安交通大学出版社，2011．

［124］中国金融风险经理论坛组委会．风险管理第 6 辑（总）2010 年综合第 4 辑［M］．北京：企业管理出版社，2010．

［125］漆多俊．经济法论丛　2011 年下卷　总第 21 卷［M］．武汉：武汉大学出版社，2011．

［126］廖继全．风险管理与巴塞尔协议十八讲［M］．北京：企业管理出版社，2013．

［127］苏亥尔·米科达西．北京世纪英闻翻译有限公司译．21 世纪金融中介［M］．北京：中国商务出版社，2004．

［128］上海市金融学会．当前金融改革开放中的若干问题研究［M］．北京：学林出版社，2008．

［129］上海银监局．后危机时代银行业监管治理探索［M］．北京：中国金融出版社，2012．

［130］吴敬琏．比较第 55 辑［M］．北京：中信出版社，2011．

［131］王大威．商业银行资产负债管理理论、实务与系统构建［M］．北京：中国金融出版社，2013．

［132］网易财经中心．中国经济怎么办［M］．深圳：海天出版社，2012．

［133］魏盛鸿，周升业．最新商业银行实务全书［M］．北京：中国金融出版社，1995．

［134］汪祖杰．现代货币金融学［M］．北京：中国金融出版社，2003．

［135］王国刚．全球视角下的金融混业现象，多维度透析［M］．北京：人民出版社，2006．

［136］王晓军，李慧莲．后危机时代的中国与世界［M］．北京：中国发展出版社，2011．

［137］王运升，张涛．科学发展与社会责任（B卷）［M］．辽宁：辽宁科学技术出版社，2008．

［138］魏燕慎．国际金融体制与监管变革［M］．北京：社会科学文献出版社，2011．

［139］阮小莉．货币金融学［M］．成都：西南财经大学出版社，2009．

［140］王忠生．中国金融监管制度变迁研究［M］．长沙：湖南大学出版社，2012．

［141］万志著，戴金平．流动性之谜——困扰与治理［M］．厦门：厦门大学出版社，2012．

［142］谢平，管涛，黄益平，等．金融的变革［M］．北京：中国经济出版社，2011．

［143］汪祖杰．现代货币金融学［M］．北京：中国金融出版社，2003．

［144］徐立平．现代金融风险预警与管理［M］．沈阳：东北大学出版社，2004．

［145］徐建业，赵晋．实施新资本监管对中国银行业的影响［M］．北京：中国海洋大学出版社，2013．

［146］于学军．银行业发展与监管探索：来自一线的报告［M］．北京：中国金融出版社，2007．

［147］杨开明，宋志秀．商业银行经营管理［M］．北京：经济管理出版社，2010．

［148］中国银行业协会、普华永道．中国银行家调查报告2010［M］．北京：中国金融出版社，2010．

［149］中国审计学会．审计署重点科研课题研究报告：2009—2010下［M］．北京：中国时代经济出版社，2011．

［150］张礼卿，李建军，谭小芬．后金融危机时期全球经济复苏、结

构调整与制度变革［M］．北京：中国金融出版社，2011．

［151］邹宏元．金融风险管理［M］．成都：西南财经大学出版社，2005．

［152］张金清．金融风险管理第 2 版［M］．上海：复旦大学出版社，2011．

［153］朱景文．法社会学专题研究［M］．北京：中国人民大学出版社，2010．

［154］中国证券监督管理委员会．欧盟金融监管体制改革法规汇编中英文对照本［M］．北京：法律出版社，2013．

［155］中国人民银行金融市场司．信贷政策调研与金融市场分析［M］．北京：中国金融出版社，2007．

［156］中国金融风险经理论坛组委会．风险管理第 6 辑（总）2010 年综合第 4 辑［M］．北京：企业管理出版社，2010．

［157］钟伟．迷途难返：货币政策与金融监管新走向［M］．北京：中国经济出版社，2011．

［158］肖远企．巴塞尔Ⅲ改革的"终结"与逻辑［J］．中国金融，2018（1）．

［159］周晔．金融风险度量与管理［M］．北京：首都经济贸易大学出版社，2010．

［160］张中华，朱新蓉，陈红．2012 中国金融发展报告［M］．北京：北京大学出版社，2012．

［161］肖远企．资本监管的回望与思考［J］．中国银行业，2018（1）．

［162］中国金融风险经理论坛组委会．风险管理［M］．2012 年第 2 辑总第 18 辑，北京：企业管理出版社，2012．

［163］中国银监会国际部．商业银行资本监管法规文件汇编［M］．北京：中国金融出版社，2014．

［164］安辉，钟红云．基于金融市场效率的美国金融监管有效性研究［J］．预测，2011（6）．

［165］巴曙松，尚航飞，朱元倩．巴塞尔Ⅲ流动性风险监管的影响研究［J］．新金融，2012（11）．

［166］巴曙松．从巴塞尔协议Ⅲ的实施进展看全球金融监管的挑战［J］．理论学刊，2013（8）．

［167］巴曙松，高江健．基于指标法评估中国系统重要性银行［J］．财经问题研究，2012（9）．

［168］巴曙松，刘晓依，朱元倩．从国际金融监管变革看金融危机十年［J］．中国金融，2018（18）．

［169］曹艳华．资本监管压力下的商业银行风险承担行为——基于不同性质商业银行（2004—2007）的比较研究［J］．金融论坛，2009（5）．

［170］程信和．硬法、软法与经济法［J］．甘肃社会科学，2007（4）．

［171］陈军．系统重要性金融机构评估标准的构建［J］．西部金融，2012（1）．

［172］巴曙松．中国银行业实施巴塞尔Ⅲ的进展与挑战［J］．中国金融电脑，2013（11）．

［173］王胜邦．巴塞尔Ⅲ审慎监管框架：从单一约束转向多重约束［J］．国际金融研究，2018（6）．

［174］王一鸣．《巴塞尔协议Ⅲ》杠杆率监管新规对我国银行业的影响研究［J］．时代金融，2018（1）．

［175］巴曙松，尚航飞．商业银行信用估值调整风险的监管与启示［J］．江淮论坛，2018（4）．

［176］王胜邦．巴塞尔Ⅲ最终方案：背景、内容和启示［J］．银行家，2018（1）．

［177］李伟，李敏波．危机中的信用评级机构：回顾与反思国际经济

合作［J］．国际经济合作，2010（5）．

［178］李兴凤．我国商业银行净利差影响因素分析——基于巴塞尔Ⅲ背景［J］理论月刊，2018（7）．

［179］李堪，陈健．交易对手信用风险管理探析［J］．银行家，2012（3）．

［180］李腾飞．巴塞尔Ⅲ最终方案的演进与新要求［J］．上海金融，2018（7）．

［181］陈静，陈若轻．全球系统重要性金融机构监管与公司治理研究——以苏格兰皇家银行为例［J］．国际金融研究，2012（7）．

［182］陈兵．巴塞尔协议Ⅲ：国际金融监管改革新动向［J］．金融教育研究，2013（1）．

［183］党均章．杠杆率监管对商业银行影响几何？［J］．银行家，2011（8）．

［184］王胜邦．巴塞尔Ⅲ最终方案的总体思路与国际影响［J］．中国金融，2018（1）．

［185］高天含．浅析美国推迟实施巴塞尔协议Ⅲ的原因及影响［J］．国际经济，2013（1）．

［186］管斌．系统重要性金融机构监管问题研究［J］．武汉金融，2012（6）．

［187］戈建国，王刚．杠杆率监管：目标、演进与现状［J］．银行家，2011（8）．

［188］罗豪才，周强．软法研究的多维思考［J］．中国法学，2013（5）．

［189］陆静．巴塞尔协议Ⅲ及其对国际银行业的影响［J］．国际金融研究，2011（3）．

［190］刘啸．巴塞尔协议Ⅲ在中国的实施［J］．社科纵横，2013（6）．

［191］刘福毅，邓大海．系统重要性金融机构的国际监管趋势浅析［J］．金融发展研究，2012（3）．

［192］刘信群，刘江涛．杠杆率、流动性与经营绩效——中国上市商业银行2004—2011年面板数据分析［J］．国际金融研究，2013（3）．

［193］巴曙松．观察金融业理论与实践的重要窗口——祝贺《中国金融》创刊70周年［J］．中国金融，2020（10）．

［194］刘士余．做好金融工作必须坚持"底线思维"［J］．金融与保险，2014（3）．

［195］漆彤．国际金融软法的效力与发展趋势［J］．环球法律评论，2012（2）．

［196］齐树天．全球系统重要性金融机构监管——中国银行业的机遇和挑战［J］．金融会计，2011（11）．

［197］隋洋．中国银行入选G – SIFIs的挑战及应对［J］．金融会计，2012（8）．

［198］陶玲．系统重要性金融机构风险防范标准［J］．中国金融，2012（3）．

［199］魏国雄．系统性金融风险的识别与防范［J］．金融论坛，2010（12）．

［200］王文华．商业银行流动性风险与管理策略［J］．金融与经济，2000（6）．

［201］王兆星．资本监管制度变革——国际金融监管改革系列谈之二［J］．中国金融，2013（13）．

［202］王应贵，刘武，徐佳佳．巴塞尔协议Ⅲ的核心原则、重要影响及展望［J］．武汉金融，2011（4）．

［203］魏鹏．巴塞尔协议Ⅲ与中国稳健银行监管体系构建研究［J］．金融会计，2013（4）．

［204］王硕、翰学鹏、董华香．新资本管理办法对银行业务经营的影

响及对策［J］. 现代金融, 2013（4）.

［205］王佃凯. 防范金融风险的新举措——商业银行杠杆率管理办法的影响分析［J］. 银行家, 2011（9）.

［206］王飞, 李雅楠, 刘文栋. 杠杆率顺周期性及其对银行资产负债表的影响——基于我国 161 家银行的实证分析［J］. 上海金融, 2013（10）.

［207］徐丽蓉. 防范"次货危机"引发我国系统性金融风险［J］. 经济金融观察, 2008（12）.

［208］于春涛. 巴塞尔Ⅲ流动性风险指标与宏观审慎管理［J］. 中国金融, 2011（11）.

［209］岳毅. 积极应对入选全球系统重要性银行［J］. 中国金融, 2013（13）.

［210］朱元倩. 巴塞尔Ⅲ资本监管的全球实践［J］. 中国外汇, 2018（11）.

［211］张赞, 胡海鸥. 次资危机对新巴塞尔协议提出的挑战与启示［J］. 上海金融, 2009（3）.

［212］中国人民银行长沙中心支行课题组. 实施巴塞尔Ⅲ对我国经济金融影响研究［J］. 金融发展评论, 2013（5）.

［213］张晓朴. 系统性金融风险研究：演进、成因与监管［J］. 国际金融研究, 2010（7）.

［214］甄峰. 全球系统重要性银行的确定及其面临的挑战［J］. 银行家, 2012（7）.

［215］张翼, 徐璐. 杠杆率监管及其对我国银行业的影响研究［J］. 财经问题研究, 2012（6）.

［216］胡玉婷. 论软法与硬法在多维界分中的渐变［J］. 东方法学, 2014（2）.

［217］罗平. 如何促进各国银行审慎监管制度的趋同——短板在哪

里？［J］. 银行家，2020（11）.

［218］胡玉婷. 论杠杆率监管规制的弹性调整［J］. 上海金融，2016（11）.

［219］巴曙松. 防控杠杆率是监管银行风险第一要务［N］. 中国城乡金融报，2012 - 4 - 18.

［220］王勇. 美联储在节骨眼上批准"巴Ⅲ"意在一石数鸟［N］. 上海证券报，2013 - 7 - 12.

［221］王婧. 巴塞尔委员会放宽杠杆率要求［N］. 经济参考报，2014 - 1 - 14.

［222］吴婷婷. 银行业界测算：杠杆率对银行短期影响不大［N］. 证券日报，2011 - 2 - 22.

［223］由曦. 中行入选全球系统重要性金融机构［N］. 第一财经日报，2011 - 11 - 7.

［224］冯科，刘静平，何理. 中国商业银行顺周期行为及逆周期资本监管研究——基于宏观审慎的视角［J］. 经济与管理研究，2012（10）.

［225］金玲. 国有商业银行流动性管理不容忽视［J］. 现代商业银行导刊，2000（9）.

［226］罗豪才，毕洪海. 通过软法的治理［J］. 法学家，2006（1）.

［227］廖岷. 从美国次贷危机反思现代金融监管［J］. 国际经济评论，2008（7）.

［228］张莫. 同业业务风险倒逼监管"加码"银行转型谋变［N］. 经济参考报，2014 - 5 - 9.

［229］赵晓强. 杠杆率监管：让银行运行更加稳健［N］. 经济日报，2011 - 6 - 10.

［230］［美］托马斯·F. 卡吉尔，韩汉君，徐美芳译. 金融部门、金融监管和中央银行政策［M］. 上海：社会科学院出版社，2019.

［231］刘宝成，张梦莎. 美国商务环境［M］. 北京：对外经济贸易

大学出版社，2016.

［232］胡凤云．中国影子银行体系监管研究［M］．北京：中国金融出版社，2016.

［233］王勇辉．中国对亚太地区投资合作研究［M］．湖北：华中师范大学出版社，2019.

［234］银行业专业人员职业资格考试办公室．银行业法律法规与综合能力初、中级适用［M］．北京：中国金融出版社，2015.

［235］刘超．金融监管学［M］．北京：中国铁道出版社，2019.

［236］余坚．债券投资会计计量与业绩归因分析［M］．上海：财经大学出版社，2019.

［237］亚洲．金融智库．粤港澳大湾区金融发展报告［M］．北京：中国金融出版社，2018.

［238］贝多广，罗煜．国际金融新秩序中国的角色．北京：中国金融出版社，2016.

［239］黄卫东．互联网金融创新．北京：新华出版社，2015.

［240］刘园．金融风险管理．北京：首都经济贸易大学出版社，2019.

［241］郑振龙，陈国进．金融制度设计与经济增长．北京：经济科学出版社，2009.

［242］蒋海．论弹性监管与金融效率［J］．财经研究，2001.

［243］王杰．国际机制论［M］．北京：新华出版社，2002.

［244］胡波．国际关系研究：合作理论及争鸣［M］．北京：世界知识出版社，2009.

［245］Basel Committee on Banking Supervision.［R］. Basel Ⅲ Monitoring Report, Bank for International Settlements, 2020.

［246］Basel Committee on Banking Supervision.［R］. Eighteenth progress report on adoption of the Basel regulatory framework. Bank for International

Settlements, 2020.

[247] Basel Committee on Banking Supervision [R]. A report to G20 Leaders on implementation of the Basel Ⅲ regulatory reforms. Bank for International Settlements, 2020.

[248] Basel Committee on Banking Supervision. [R]. Assessing the impact of Basel Ⅲ: Evidence from macroeconomic models: literature review and simulations. Bank for International Settlements, 2021.

[249] Basel Committee on Banking Supervision. Revisions to the principles for the sound management of operational risk [R]. Bank for International Settlements, 2021.

[250] Basel Committee on Banking Supervision. [R]. Regulatory Consistency Assessment Programme (RCAP): Assessment of the Basel Committee's Net Stable Funding Ratio standard – Singapore. Bank for International Settlements, 2020.

[251] Basel Committee on Banking Supervision. [R]. Regulatory Consistency Assessment Programme (RCAP): Assessment of the Basel Committee's Net Stable Funding Ratio standard – Hong Kong. Bank for International Settlements, 2020.

[252] Benton E. Gup. The New Financial Architecture: Banking Regulation in the 21st Century [M]. Greenwood Publishing Group, 2000.

[253] Terhechte. European Yearbook of International Economic Law (EYIEL) Vol. 4 [M]. Spring Shop, 2013.

[254] International Monetary Fund. Global Financial Stability Report: Risk Taking, Liquidity, and Shadow Banking Curbing Excess while Promoting Growth [M]. Internatinal Monetary Fund, 2014.

[255] Jens Forssbaeck, Lars Oxelheim. The Oxford Handbook of Economic and Institutional Transparency [M]. Oxford University Press, 2014.

［256］ Chris Brummer. Soft Law and the Global Financial System: Rule Making in the 21st Century ［M］. Cambridge University Press, 2012.

［257］ Daniel K. Tarullo. Banking on Basel: The Future of International Financial Regulation ［M］. Peter G. Peterson Institute, 2008.

［258］ Hals Scott. International Finance ［M］. Foundation Press, 2012.

［259］ Hyoung－kye Chey. International Harmonization of Financial Regulation? The politics of global diffusion of the Basel Capital Accord ［M］. Routledge, 2014.

［260］ Lucia Quaglia. the European Union and Global Financial Regulation ［M］. Oxford University Press, 2014.

［261］ Diane Fromage. The (multilevel) articulation of the European participation in international financial fora: the example of the Basel Accords ［J］. Journal of Banking Regulation, 2021 (6) .

［262］ Becker Manuel; Linder Simon. The unintended consequences of regulatory import: the Basel Accord's failure during the financial crisis ［J］. Journal of European Public Policy, 2021 (2) .

［263］ Willem van Genugten et al. Loopholes, Risks and Ambivalences in International Lawmaking: The Case of a Framework Convention in Victims Rights ［M］. Netherlands Yearbook of International Law, 2006.

［264］ Kenneth W. Abbott, R. Keohane and Duncan Snidal. The Concept of Organization. Vol. 54, No. 3 ［M］. Legalization and World Politics, 2000.

［265］ Adrian Blundell－Wignall & Paul Atkinson. Thinking beyond Basel Ⅲ: Necessary Solutions for Capital and Liquidity. OECD Journal ［J］. Financial Market Trends, 2010 (1) .

［266］ Andrew T. Guzman and Timothy Meyer. International Common Law. the Soft Law of International tribunals ［J］. Chicago Journal of International Law, 2009 (9) .

［267］ Andrew W. Hartlage. The Basel Ⅲ Liquidity Coverage Ratio and Financial Stability ［J］. Michigan Law Review. 2012（12）.

［268］ Blair Keefe & Andrew Pfleiderer. Basel Ⅲ: What It Means for the Global Banking System ［J］. Banking & Finance Law Review, 2012（3）.

［269］ Emilios Avgouleas. Governance of Global Financial Markets: The Law, the Economics, the Politics. Cambridge University Press. Ely, B. Bad Rules Produce Bad Outcomes: Underlying Public – policy Causes of the U. S. Financial Crisis ［J］. Cato Journal, 29（1）.

［270］ Basel Committee on Banking Supervision. Assessment of the macro-economic impact of stronger capital and liquidity requirements ［R］. Bank for International Settlements, 18 Aug 2010.

［271］ Basel Committee on Banking Supervision. Banking on leverage ［R］. Bank for International Settlements, 2014.

［272］ Basel Committee on Banking Supervision. Basel Ⅲ Monitoring Report ［R］. Bank for International Settlements, 2015.

［273］ Jacques Préfontaine. Implications of Basel Ⅲ For Capital, Liquidity, Profitability and Solvency of Global Systematically Important Banks ［J］. The Journal of Applied Business Research. Volume 29, 2013（1）.

［274］ Koehn, M. , Santomero. A. M. , Regulation of Bank Capital and Portfolio Risk ［J］, Journal of Finance, 1980（35）.

［275］ Kim. D. , Santomero. A. M. , Risk in Banking and Capital Regulation ［J］. Journal of Finance, 1988（3）.

［276］ Kern Alexander. The Role of Soft Law in the Legalization of International Banking Supervision: a Conceptual Approach, ESRC Centre for Business Research ［C］. University of Cambridge Working Paper No. 168, 2000.

［277］ Rolf H. Weber and Dominic N. Staiger. Financial Stability Board: Mandate and Implementation of Its Systemic Risks Standards ［J］. Int. J. Financial Stud. 2014 (2) .

[278] Basel Committee on Banking Supervision. Amendment to the capital accord to incorporate market risks [R]. Bank for International Settlements, 2005.

[279] Basel Committee on Banking Supervision. An assessment of the long – term economic impact of stronger capital and liquidity requirements [R]. Bank for International Settlements, 2010.

[280] Basel Committee on Banking Supervision. Assessing the macroeconomic impact of the transition to stronger capital and liquidity requirements – interim report [R]. Bank for International Settlements, August 2010a.

[281] Basel Committee on Banking Supervision. Assessment of the macroeconomic impact of higher loss absorbency for global systemically important banks [R]. Bank for International Settlements, 2011.

[282] Basel Committee on Banking Supervision. The Proposed Revised Ratings – Based Approach [R]. Bank for International Settlements, 2013.

[283] Basel Committee on Banking Supervision. Basel Ⅲ Monitoring Report as of 31 December 2013 [R]. Bank for International Settlements, 2014.

[284] Basel Committee on Banking Supervision. A framework for dealing with domestic systemically important banks – consultative document [R]. Bank for International Settlements. 2012.

[285] Basel Committee on Banking Supervision. A sound capital planning process: fundamental elements [R]. Bank for International Settlements, 2014.

[286] Basel Committee on Banking Supervision. Basel Ⅲ regulatory consistency assessment (Level 2) – Report: Japan [R]. Bank for International Settlements, 2012.

[287] Basel Committee on Banking Supervision. Basel Ⅲ regulatory consistency assessment (Level 2). Assessment of Basel Ⅲ regulations – Singapore [R]. Bank for International Settlements, 2013.

［288］Basel Committee on Banking Supervision. Basel Ⅲ regulatory consistency assessment（Level 2）. Assessment of Basel Ⅲ regulations – Switzerland ［R］. Bank for International Settlements, 2013.

［289］Basel Committee on Banking Supervision. Basel Ⅲ regulatory consistency assessment programme ［R］. Bank for International Settlements, 2012.

［290］Basel Committee on Banking Supervision. Basel Ⅲ definition of capital – Frequently asked questions ［R］. Bank for International Settlements, 2011.

［291］Basel Committee on Banking Supervision. Calibrating regulatory minimum capital requirements and capital buffers: a top – down approach ［R］. Bank for International Settlements. 2010.

［292］Basel Committee on Banking Supervision. Developments in credit risk management across sectors: current practices and recommendations – consultative document ［R］. Bank for International Settlements, 2015.

［293］Basel Committee on Banking Supervision. Basel Ⅲ leverage ratio framework and disclosure requirements ［R］. Bank for International Settlements, 2013.

［294］Basel Committee on Banking Supervision. Basel Ⅲ: A global regulatory framework for more resilient banks and banking systems – revised version ［R］. Bank for International Settlements, 2011.

［295］Basel Committee on Banking Supervision. Basel Ⅱ regulatory consistency assessment（Level 2） – Preliminary report: European Union ［R］. Bank for International Settlements, 2012.

［296］Basel Committee on Banking Supervision. Basel Ⅲ regulatory consistency assessment（Level 2） – Preliminary report: United States of America ［R］. Bank for International Settlements, 2012.

［297］Basel Committee on Banking Supervision. Basel Ⅲ: International framework for liquidity rise measurement, standards and monitoring [R]. Bank for International Settlements, Dec. 2010.

[298] Basel Committee on Banking Supervision. Global liquidity regulation. supervision and risk management [R]. Bank for International Settlements, 2014.

[299] Basel Committee on Banking Supervision. Regulatory Consistency Assessment Programme (RCAP) – Assessment of Basel Ⅲ regulations in Australia [R]. Bank for International Settlements, 2014.

[300] Basel Committee on Banking Supervision. Regulatory Consistency Assessment Programme (RCAP) – Assessment of Basel Ⅲ regulations in Canada [R]. Bank for International Settlements, 2014.

[301] Basel Committee on Banking Supervision. Regulatory consistency assessment programme (RCAP) – Analysis of risk – weighted assets for credit risk in the banking book [R]. Bank for International Settlements, 2013.

[302] Basel Committee on Banking Supervision. Report and recommendations of the Cross – border Bank Resolution Group – final paper [R]. Bank for International Settlements, March 2010.

[303] Basel Committee on Banking Supervision. Report to G20 Finance Ministers and Central Bank Governors on monitoring implementation of Basel Ⅲ regulatory reform [R]. Bank for International Settlements, 2013.

[304] Basel Committee on Banking Supervision. Report to G20 Leaders on Basel Ⅲ implementation [R]. Bank for International Settlements, 2012.

[305] Basel Committee on Banking Supervision. Restoring confidence in banks [R]. Basel Committee on Banking Supervision. Regulatory Consistency Assessment Programme (RCAP) Assessment of Basel NSFR regulations – China, 2019.

[306] Basel Committee on Banking Supervision [R]. Regulatory Consis-

tency Assessment Programme (RCAP) Assessment of Basel large exposures Regulations – China, 2019.

[307] Basel Committee on Banking Supervision. Report on supervisory colleges for financial conglomerates [R]. Bank for International Settlements, 2014.

结束语

  "协调"二字不是一个陌生的字眼，但当与金融监管相结合，并以机制的方式进行构建，则成为一个难以攻克的课题。或许正因为此，在金融监管汗牛充栋的法学研究成果中，对其进行协调的研究却鲜有涉及。然而，2007—2008年国际金融危机再次凸显了建构金融监管协调机制的必要。在2009年9月的G20峰会上，各国再次承诺："在国家和国际层面采取行动，共同改善监管标准，各国监管当局以一致的方式实施全球标准，以确保公平的竞争环境避免市场的分割、保护主义以及监管套利。"作为全球金融网络中的"关键节点"，G–SIFIs的轻微震荡都可能引起整个金融体系网络的共振，成了全球金融界的重点关注对象。目前，越来越多领域的学者以及不同的机构参与跨境金融监管协调的研究，但由于缺乏系统的理论性指导，难以揭示出协调的本质所在。

  本书尝试以巴塞尔规则为全文研究的逻辑主线，在它的指引下进行多层次、宽领域和全方位的多视角研究，勾勒出一个能够动态兼顾安全与效率的G–SIFIs监管协调机制。在巴塞尔委员会卓有成效的长期努力之下，在巴塞尔规则由"软"至"硬"的渐变过程中，形成了能够协调各国差异性的银行业监管规则与标准。在"风险为本"的金融监管理念影响下，G–SIFIs监管协调机制强调依法之治，重视宏观审慎监管与微观审慎监管的相互协调，以及内部风险管理与外部审慎监管的有效协调，是让全球系统重要性金融机构能够积极主动防范和管理风险的一种正向激励。

  学术的研究如同一个圆，似乎永远到达不了它的终点，我尽管进行了有关法学、金融学、经济学、统计学、管理学以及国际关系学等方面的资料收集与整理，期望能够尽己所能，对以巴塞尔规则为指引的 G－SIFIs 监管协调机制进行较为详细和全面的研究，然而囿于时间与精力的限制，本书的相关研究仍然不尽深入与透彻。例如，尽管本文以中国银行为视角，研究了其在风险管理模式方面的变化，但是并没有将它与欧美国家的全球系统重要性金融机构进行直接对比，从而无法探究最科学的风险防范模式，也就无法对中国银行在风险管理方面的继续完善提出行之有效的建议。这是我今后继续进行深入探究的方向，并且期待在现有研究成果的基础上，通过在国际法、博弈论和计量经济学等方面的知识积累，对 G－SI-FIs 金融监管协调问题进行更深入和全面的研究。